Adel Theodor Khoury / Peter Heine

Im Garten Allahs

Kleine Bibliothek der Religionen

Herausgegeben von
Adel Theodor Khoury

Band 6

Adel Theodor Khoury / Peter Heine

Im Garten Allahs

Der Islam

Adel Theodor Khoury / Peter Heine

Im Garten Allahs

Der Islam

Herder

Freiburg · Basel · Wien

Hinweis

Ich bin meinem Kollegen Peter Heine (Humboldt-Universität, Berlin) sehr dankbar dafür, daß er drei Kapitel zu diesem Buch beigesteuert hat:
X. Strukturen islamischer Gesellschaften
XI. Islamische Heterodoxien
XII. Sondergruppen

A. Th. Khoury

Die Deutsche Bibliothek – CIP-Einheitsaufnahme
Adel Theodor Khoury:
Im Garten Allahs: Der Islam / Adel Theodor Khoury ;
Peter Heine. – Freiburg ; Basel ; Wien : Herder, 1996
(Kleine Bibliothek der Religionen ; Bd. 6)
ISBN 3-451-23846-2
NE: Heine, Peter; GT

Umschlaggestaltung: Finken und Bumiller, Stuttgart
Satz: Barbara Herrmann, Freiburg
Druck und Bindung: Freiburger Graphische Betriebe 1996
Gedruckt auf umweltfreundlichem, chlorfrei gebleichtem Papier
ISBN 3-451-23846-2

Inhalt

Vorwort

In diesem Buch wird der Versuch unternommen, die dynamischen Grundlinien des Islams aufzuzeichnen, und zwar wie sie in den Grundquellen dieser Weltreligion zum Ausdruck kommen oder angedeutet werden. So werden hauptsächlich der Koran und die den Koran kommentierende Tradition herangezogen sowie die markantesten Erscheinungformen des sozialen Lebens in der islamischen Gesellschaft beschrieben. Die Exegese, die theologischen Schulen, die Rechtsschulen und das Leben der Gemeinschaft werden dabei zwar berücksichtigt, aber die im Laufe der Zeit entwickelten Auffassungen, Vorstellungen, Systematisierungen und Bestimmungen bilden nicht den Gegenstand dieses Buches.

Die Verfasser hoffen, daß diese Darstellung eine Hilfe für diejenigen sein möge, die das Gespräch mit dem Islam suchen. Dieses Gespräch ist erst ehrlich und fruchtbar, wenn die Partner die jeweils andere Religion gut kennenlernen, sie nach ihrem eigenen Selbstverständnis zu verstehen suchen und sie und die Gläubigen, die von ihrem Geist leben, ernst nehmen.

Dem religionskundigen Christen wird diese Einführung deutlich machen, wie der Islam zum Christentum steht: sehr nahe und zugleich sehr fern. Trotz vieler Gemeinsamkeiten (Monotheismus, biblische Tradition, Anerkennung Jesu Christi als Prophet und des Evangeliums als göttliche Offenbarung, Grundsätze der Moral, manche Züge der mystischen Suche nach Gott ...) widersprechen sich die Lehren des Christentums und des Islams in zentralen Punkten. So weist der Islam die christliche Christologie zurück. Das Christentum seinerseits erkennt nicht ohne weiteres Muḥammads prophetische Sendung an. Und auch sonst gehen

Christentum und Islam von grundsätzlich unterschiedlichen, ja manchmal sich widersprechenden Standpunkten aus.

Diese grundsätzlichen Unterschiede in der theologischen Perspektive haben bislang jedes religiöse Gespräch zwischen Christen und Muslimen zum Scheitern verurteilt. Aber das ist kein Grund, alles aufzugeben. Geduldige Gespräche können wenigstens manche Mißverständnisse ausräumen und eine tiefere Durchdringung der jeweiligen religiösen Position zu erreichen helfen. Bis zur Endphase der völligen Verständigung und der vollkommenen Annäherung der unterschiedlichen Standpunkte ist der Weg lang und mühsam. Anfangen muß man gleichwohl. Die gemeinsame Suche nach der integralen Wahrheit wird von den Wahrheiten ausgehen, die anerkanntermaßen beiden Religionen wenigstens in ihrer Grundintention gemeinsam sind.

Ein weiterer Zweck des religiösen Gesprächs zwischen Christentum und Islam besteht darin, durch den Kontakt mit dem Partner jeweils die eigenen religiösen Werte zu läutern, das eigene religiöse Leben zu vertiefen und zu bereichern. Bei diesem Versuch, zur Belebung des religiösen Lebens beizutragen, könnte man sich auf folgenden Maßstab einigen: „An ihren Früchten werdet ihr sie erkennen" (Mt 7,20). Es gilt, das Zeugnis des Lebens und das Zeugnis der Geschichte aufzuwerten, aber auch die Wirkkraft der Religion im Leben der Gemeinschaft und der Gesamtgesellschaft in der modernen Welt zu berücksichtigen.

Ein solches Gespräch wird dazu führen, die wahre Universalität des Wirkens Gottes zu entdecken und auch eine recht verstandene Komplementarität aller Wirkungen des Geistes Gottes in den Menschen und in der Geschichte zu bejahen. So kann die Gemeinschaft der Gläubigen ihre vollkommene Gestalt immer tiefer und deutlicher auch durch die Gesichtszüge der „fremden Brüder und Schwestern" erkennen. So erst kann sie die Dimensionen des allumfassenden Wirkens Gottes in der Geschichte, in der Gegenwart und für die Zukunft besser und genauer erkennen und bejahend aufnehmen.

Gleichzeitig mit dem religiösen Gespräch wird eine Zusammenarbeit auf allen Ebenen angestrebt, um einen Beitrag zur Lösung der Probleme der Menschen in der Welt zu leisten. Diese Zusammenarbeit darf nicht als eine Art heilige Allianz der Religionen gegen die Ungläubigen verstanden werden. Sie ist eher eine eigene Bemühung der Religionen um die Lösung der gemeinsamen Probleme und zur Gestaltung einer humaneren Welt, und dies in angemessener Aufgeschlossenheit gegenüber anderen Weltanschauungen, bei denen eine ausreichende gemeinsame Basis vorhanden ist.

In diesem Bemühen um die Sache Gottes und des Menschen sollen sich der Glaube bewahrheiten, die Hoffnung bewähren und die Liebe bzw. die Solidarität verwirklichen.

Adel Theodor Khoury

Umschrift arabischer Buchstaben

’	Explosionslaut
th	englisches th (thing)
dj	französisches j
ḥ	scharfes h
kh	ch (wie in ach)
dh	englisches th (the)
z	französisches z
sh	sch
ṣ	dumpfes s
ḍ	dumpfes d
ṭ	dumpfes t
ẓ	dumpfes englisches th (the)
'	stimmhafter Reibelaut
gh	Gaumen-r
w	englisches w
y	deutsches j
ā, ī, ū	lange Vokale

I

Entstehung des Islams

In den Augen der Muslime ist Muḥammad der große Prophet, von Gott gesandt, um den Menschen seine endgültige Offenbarung und die endgültigen Verordnungen seines souveränen Willens kundzutun. Den Gläubigen gilt er zudem als Vorbild des vollkommenen Glaubensgehorsams, wie ihn der Koran von den Menschen fordert.

Zum besseren Verständnis der Gestalt dieses Propheten und der Formen seiner Botschaft sei ein Überblick über die religiösen Verhältnisse in Arabien zur Zeit seines Auftretens vorangestellt.

1. Arabien zur Zeit Muḥammads – Religiöse Verhältnisse

Der altarabische Polytheismus

Die Altaraber zur Zeit Muḥammads verehrten das Göttliche in den Dingen und Gegenständen der Natur, vor allem in den in ihrer Form außergewöhnlichen Steinen, von denen einige Züge einer Menschengestalt trugen oder zu Statuen behauen wurden. Unter den verschiedenen kleinen und großen Heiligtümern der Araber nahm die Ka'ba zu Mekka eine besondere Stellung ein. In einer Ecke des Heiligtums befindet sich der berühmte schwarze Stein, den die Muslime auch heute noch verehren. Wie die übrigen Heiligtümer war die Ka'ba in besonderer Weise Zufluchtsstätte und Asyl für Schutzsuchende. Ihr Bezirk war tabu und unantastbar. Zu dieser Stätte pilgerten die Araber alljährlich, und dies um so eifriger, als dort jährliche Märkte und Ausstellungen stattfanden. Die Hüter der mekkanischen heiligen Stätten hatten im Pilgerwesen ein ertragreiches Geschäft, das immer mehr die Sorge und Bemühungen des eigenen Stammes Muḥammads beanspruchte und der tiefen Religion immer weniger Raum ließ.

In der Ka'ba wurden verschiedene Gottheiten verehrt, vor allem drei im Koran erwähnte Göttinnen: Die Schicksalsgottheit Manā, die Gewaltige, al-'Uzzā, und die Göttin schlechthin, al-Lāt (vgl. Koran 53,19–20).

An der Spitze des arabischen Pantheons stand der Höchste Gott, dessen Bezeichnung Gott schlechthin bedeutet, Allāh. Er galt als Schöpfer der Welt und des Menschen (vgl. 29,61), Herr über Leben und Tod, der als Vorsehung seine Geschöpfe versorgt (vgl. 23,84–90; 10,31). Aber wie die Hochgötter anderer Religionen war Allāh in weite Ferne entrückt und spielte immer weniger eine Rolle im alltäglichen Leben der Araber. Nur in großer Not, wenn von den untergeordneten Göttern kaum eine Hilfe erwartet wurde, wurde er direkt angerufen, so z. B. in Seenot (vgl. 29,65; 31,32; 17,67), zur Bekräftigung besonders wichtiger Eide (35,42; 16,40), bei Beachtung bestimmter Tabu-Vorschriften (vgl. 6,136–139) und bei Erstlingsopfern (vgl. 6,136). Seine Souveränität und absolute Herrschaft kommt im Titel zum Ausdruck, den die Araber ihm gaben: Herr der Ka'ba (vgl. 106,3).

Eine interessante Gestalt dieses Polytheismus war die des *Sehers*, Kāhin genannt. Der Seher besitzt die Fähigkeit, dank enger Verbindung mit seinem Schutzgeist verborgene bzw. zukünftige Ereignisse vorauszusehen und vorherzusagen. Der Schutzgeist ist der Begleiter des Sehers, er spricht durch ihn und läßt auf verschiedene Weisen seine Nähe spüren.

Was der Kāhin sieht, verkündet er in kurzen rhythmischen Sätzen, die oft sogar einen Reim haben. Oder er gebraucht ein geheimnisvolles Summen, um die Wirkung seines Schutzgeistes bekanntzumachen. Die Sprüche des Sehers sind nicht immer eindeutig, denn die Geheimnisse der Zukunft werden ihm nicht immer deutlich enthüllt, deswegen gebraucht er auch eine mehrdeutige Symbolsprache.

Er bekräftigt seine Sprüche mit ungewöhnlichen Schwüren. Beispiele ähnlicher Schwüre finden sich im Koran selbst, z. B. zu Beginn folgender Suren: 77, 79, 85, 86, 89, 91, 92, 93, 95, 100.

Der Seher hat eine wichtige Rolle im Leben des Stammes zu spielen. Er wird vor wichtigen Unternehmungen befragt und soll geheimnisvolle Vorgänge und Träume zu deuten suchen. Auch in Privatangelegenheiten wird er angegangen. Er fungiert als Schiedsrichter und gibt sein Urteil bei Streitfragen. Sein Urteil wird als eine göttliche Entscheidung hingenommen.

Obwohl Muḥammad sich dagegen wehrte, als ein Seher angesehen zu werden, erinnert sein Auftreten auffallenderweise an das eines Sehers, wenigstens und in besonderem Maße in der ersten Periode seiner Predigt in Mekka.

Die Ḥanīfen

Die Ḥanīfen sind selbständige Gottsucher, die mit dem Polytheismus Altarabiens nicht mehr zufrieden waren, sich vom Götzendienst abwandten, um den einen, einzigen Gott zu suchen. Obwohl sie dem Judentum und dem Christentum Achtung und Hochschätzung zollten, fühlten sie sich nicht genötigt, zu einer dieser beiden Religionen überzutreten. Gleich den christlichen Mönchen suchten diese Ḥanīfen Gott in der Einsamkeit der Wüste und durch verschiedene religiöse Übungen.

Die islamische Tradition spricht von einem Verwandten, Waraqa Ibn Naufal, der zu diesen Ḥanīfen gehörte und einen großen Einfluß auf die geistliche Entwicklung Muḥammads ausgeübt haben soll.

In der Tat ist Muḥammad in seinem Auftreten und in manchen Punkten seiner Botschaft wie einer dieser Gottsucher, dieser selbständigen Monotheisten. Seine Kontakte zu den Juden und zu den Christen sind im Koran deutlich bezeugt, aber er fand zum Judentum und zum Christentum nie den richtigen Zugang, um sich zu einer der beiden monotheistischen Religionen zu bekennen. Er blieb ein selbständiger Monotheist, der seine Sympathien für die beiden anderen Religionen, trotz aller Auseinandersetzungen mit deren jeweiligen Anhängern, nicht zu verbergen suchte, sondern offen zugab. Denn er bekannte sich zum Vater aller Gläubigen, zu Abraham, den der Koran den ersten Ḥanīfen nennt (u. a. 3,67; 16,120).

Monotheistische Religionen

Es gab in der arabischen Halbinsel *jüdische* Kolonien, die dank ihrer wirtschaftlichen Stärke eine immer größere politische Bedeutung besaßen. Sie befanden sich vor allem im Jemen, in Yathrib (der späteren Stadt Medina) und in Khaybar. Was die ehrlichen Gottsucher im Judentum beeindruckte, war sein strenger Monotheismus, seine ernste Moral, sein nüchterner Gottesdienst. Muḥammad selbst erkannte diese Vorteile des Judentums und versuchte, sie in seine Botschaft aufzunehmen. Der Koran erkennt die Tora als das Gesetz, das Gott den Juden durch Mose offenbart und verkündet hat, an.

Ebenso eindrucksvoll wirkte das *Christentum* auf die Araber. Man weiß nicht mit Sicherheit, ob organisierte christliche Gemeinden in Mekka lebten. Aber die Existenz christlicher Sklaven, Handwerker und Geschäftsleute in Mekka ist sicher. Es bestanden auch Beziehungen zu den organisierten Gemeinden des Jemen im Süden, zu den christlichen Stämmen des Nordens und zum christlichen Abessinien.

2. Kurze Biographie Muḥammads

Es ist sehr schwierig, aus den Angaben der islamischen Tradition über Muḥammad, sein Leben und seine Verkündigung die historischen Fakten von den legendären Darstellungen auseinanderzuhalten. Denn der Koran, den man als authentische Quelle über Muḥammad und seine Botschaft betrachten kann, ist über die Lebensumstände des Propheten, vor allem über die Periode vor seinem ersten öffentlichen Auftreten, eher verschwiegen.

Es sollen hier aus den islamischen Biographien Muḥammads, von denen die erste ausführliche die *Sīra* von Ibn Hishām ist, und aus den übrigen Überlieferungen über seine Erklärungen, Sprüche und Verhalten die Angaben zusammengestellt werden, die als eine einigermaßen gesicherte Kurzbiographie Muḥammads gelten können.

Vor der prophetischen Berufung

Muḥammad wurde um das Jahr 570 unserer christlichen Zeitrechnung in Mekka (Westteil Zentralarabiens) geboren. Sein Vater hieß 'Abd-Allāh und stammte aus der Sippe der Hāshimiten, einem Zweig des Stammes Quraysh. Kurz vor oder nach der Geburt Muḥammads starb sein Vater, so daß seine Mutter Āmina nun für ihn zu sorgen hatte. Nach der damaligen Sitte wurde der Knabe der Fürsorge einer Beduinenfrau anvertraut, damit er die eigentlichen Sitten und Bräuche sowie die richtige und schöne arabische Sprache der Beduinen lernen konnte. Mit sechs Jahren wurde er zu seiner Mutter zurückgebracht, und Āmina verließ dann Mekka und ging zu ihren Verwandten nach Yathrib (der späteren Stadt Medina). Auf dem Rückweg starb Āmina, und der Junge wurde von seinem Großvater übernommen. Als auch dieser starb, kümmerte sich der Onkel Abū-Ṭālib um seinen Neffen. Laut der Überlieferung umsorgte ihn dieser Onkel wie sein eigenes Kind. Mit den anderen Kindern der Familie wurde der junge Muḥammad damit beauftragt, die Herden in der Wüste zu hüten.

Außer den ungewöhnlichen legendären Ereignissen, die die islamische Überlieferung als Begleiterscheinungen bei der Empfängnis, der Geburt und der Kindheit Muḥammads erzählt, kann folgender Bericht erwähnt werden. Muḥammad soll als zwölfjähriger Junge seinen Onkel Abū-Ṭālib auf einer Karawanenreise nach Syrien begleitet haben. In Buṣrā habe man einen christlichen Mönch Baḥīrā getroffen, und dieser habe dem Jungen vorausgesagt, er werde später eine hohe Stellung einnehmen. Das ist das Gegenstück zum evangelischen Bericht über den zwölfjährigen Jesus im Tempel, und darüber hinaus soll damit die prophetische Sendung Muḥammads durch die Weissagung eines christlichen Mönchs bestätigt werden, also eines Menschen, der das tiefe religiöse Wissen besitzt und die Zeichen außerordentlicher Dinge deuten kann.

Als Muḥammad etwa 25 Jahre alt geworden war, bot er auf Anraten seines Onkels der reichen Witwe Khadīdja seine Dienste als Karawanenführer an. Von seinen Reisen nach Syrien brachte der junge Geschäftsmann nicht nur reiche Erträge, sondern auch einige Kenntnisse des Judentums und des Christentums mit, die er durch seine Kontakte mit den verschiedenen religiösen Gemeinden dort und unterwegs erworben hatte. Angetan von den Erfolgen ihres Karawanenführers, ließ Khadīdja dem Muḥammad ausrichten, sie würde ihm einen Heiratsantrag nicht abschlagen. Die Witwe war zwar fünfzehn Jahre älter als er, aber die beiden verstanden sich so gut und liebten einander so tief, daß sie eine glückliche Ehe führten. So lange Khadīdja lebte, heiratete Muḥammad keine weitere Frau. Von den Kindern, die sie ihm schenkte, ist Fāṭima zu erwähnen, die den späteren Khalifen 'Alī heiratete und damit zur Stammutter aller Nachkommen des Propheten wurde. Die Heirat mit Khadīdja bedeutete zudem für Muḥammad einen großen sozialen Aufstieg und eine besonders wirksame Förderung. Der Koran erinnert den Propheten an diese Wende in seinem Leben (vgl. 93,6.8).

Sein soziales Ansehen wuchs sogar so weit, daß er bei Streitigkeiten angegangen und um eine Entscheidung, einen Schiedsspruch, gebeten wurde.

Berufung Muḥammads

Nach der islamischen Tradition war Muḥammad etwa vierzig Jahre alt, als er die Erlebnisse hatte, die seine prophetische Sendung einleiteten. Muḥammad war ein tief religiöser

Mensch. Die Eindrücke und Kenntnisse, die er von seinen Kontakten mit Juden, Christen und sonstigen Gottsuchern in Mekka und in den anderen Gegenden mitbrachte, sowie der Verfall des traditionellen Polytheismus veranlaßten ihn, immer häufiger nach dem religiösen Wert und dem Sinn des Lebens der mekkanischen Gesellschaft zu fragen. Es trieb ihn in die Einsamkeit. Er widmete sich nach dem Vorbild christlicher Mönche religiösen Übungen in der Umgebung von Mekka, vor allem in der Höhle Ḥirā' am Lichtberg. Eines Tages widerfuhr ihm das, was der Koran und die islamische Tradition als seine Berufung zum Propheten bezeichnen. Die Angaben der Tradition unterscheiden sich in manchen Einzelheiten, aber sie betonen die Tatsache dieses Erlebnisses und den tiefen Einfluß, den es auf Muḥammad sein Leben lang ausübte. Es sah einen Engel bei sich, der ihm ein Buch auf die Brust drückte und ihn aufforderte, zu lesen, aus dem Buch zu lesen und die Worte zu verkünden (96,1–5). Als er erwachte, machte er sich auf den Weg. Da hörte er vom Himmel her eine Stimme: Muḥammad, du bist der Prophet Gottes und ich bin Gabriel!

Muḥammad war durch dieses Erlebnis niedergeschlagen, weil er nicht wußte, was das alles zu bedeuten habe, und unter wessen Einwirkung er eigentlich stehe. Denn er befürchtete, Spielzeug böser Mächte zu sein. Khadīdja beruhigte ihn und spendete ihm Trost, sie suchte jedoch den Rat eines Familienfreundes. Und der soll vom Ganzen folgende Deutung gegeben haben: „Wenn das wahr ist, … dann ist er der Prophet unseres Volkes."

Muḥammad blieb jedoch unruhig; er suchte eine Bestätigung seines Erlebnisses bzw. eine göttlich autorisierte Deutung der Ereignisse. Eine Zeitlang litt er Angst und Qual im Warten auf ein neues Zeichen. Diese Zeit nach dem ersten Erlebnis bis zur Bestätigung seiner Sendung heißt in der islamischen Überlieferung die Zeit der Unterbrechung *(fatra)*. In dieser Zeit der inneren, qualvollen Unsicherheit irrte Muḥammad umher und war in seinen Gedanken und seinen Gefühlen so versunken, daß ihm schwerste Versuchungen bis hin zum Selbstmordgedanken nicht erspart blieben. Dann aber hatte er folgendes Erlebnis:

„Während ich (Muḥammad) auf dem Wege war, hörte ich plötzlich vom Himmel her eine Stimme; ich schaute empor, und da war wieder der Engel, der damals am Ḥirā' zu mir gekommen war. Er saß auf einem Thron zwischen Himmel und Erde. Erschrocken eilte ich heim und rief: Deckt mich zu! (weil ihn nämlich infolge des Schreckens das Fieber befallen hatte). Da offenbarte Gott die Worte: Der du dich zugedeckt hast, steh auf und warne, und preise die Größe deines Herrn, und reinige deine Kleider, und entferne dich von der Unreinheit (des Götzendienstes) (74,1–5)[1].

Die Dauer dieser Zeit, in der die Bestätigung der prophetischen Sendung ausblieb, wird je nach der Überlieferung mit sechs Monaten oder drei Jahren angegeben. Nach der Bestätigung seiner Berufung erhielt Muḥammad regelmäßig die Offenbarungen, die er seinen Anhängern verkündete. Die ersten Gläubigen der frühislamischen Gemeinde waren Khadīdja, der Gottsucher Waraqa Ibn Naufal, der von Muḥammad adoptierte frühere Sklave Zayd, Muḥammads Vetter und Adoptivsohn 'Alī (erst 13 Jahre alt) und vor allem ein einflußreicher Tuchhändler namens Abū-Bakr, der zum ersten Khalifen nach dem Tod des Propheten wurde.

Auftreten und erste Predigt

Bestärkt in seiner Überzeugung, nun wirklich von Gott gesandt zu sein, um den Menschen eine göttliche Botschaft zu bringen, trat Muḥammad öffentlich in Mekka auf (im Jahre 610). Er versuchte in leidenschaftlichen Mahnungen, die Menschen auf das nahe Gericht des einen, allmächtigen Gottes aufmerksam zu machen. Die Schrecken der Stunde, die ihm nahe schien, lassen ihn seine Landsleute beschwören, sie sollen von ihrer Gleichgültigkeit und ihrem blinden Verhalten ablassen und sich dem Gott zuwenden, der allein Macht über Leben und Tod hat und der allein das endgültige Urteil fällen wird. An jenem Tag wird keiner die Möglichkeit haben, sich zu entschuldigen oder die Fürsprache irgendeines Freundes zu erhoffen. So sollen die Menschen zusehen, wie sie Gott gefallen können. Sie sollen ihr verkehrtes Verhalten ablegen, sich nicht mehr auf ihren Besitz und ihren Reichtum verlassen, sondern das Angesicht Gottes, des Schöpfers und des Richters, suchen. Unehrlichkeit und Gier, Betrug und Rücksichtslosigkeit sollen nicht mehr das Geschäftsleben beherrschen. Die Armen sollen nicht mehr unterdrückt und ausgebeutet werden. Diebstahl und Mord, Trunkenheit und vielerlei andere Laster sollen nicht mehr die Gesellschaft verseuchen.

Denn diese Welt ist ja nur eine Etappe, nicht die endgültige Wohnstatt des Menschen. Alles ist vergänglich und dem Gericht verfallen. Die einzige wahre Realität ist die der kommenden Welt[2]. Aber die blinden Menschen ziehen das Diesseits vor. Und gerade diese Blindheit für das Wesentliche und das Dauerhafte, für das eigentlich Wirkliche ist der Ausdruck der religiösen Gleichgültigkeit der Menschen, einfach der Ausdruck ihres Unglaubens. Denn solange sie so leben, als wären Gott und sein Gericht weit weg von ihrem Alltag, kümmern sie sich nicht um ihn und suchen nicht, seinen Willen zu kennen und seine Gebote zu halten.

Muḥammad war jedoch in seiner prophetischen Botschaft nicht nur der Prediger, der auf das nahe Gericht aufmerksam macht und gegen die Laster der Gesellschaft im Stil eines Sozialreformators kämpft, er war auch der Prophet des einen Gottes und der Prediger des Monotheismus. Seine Erfahrung der unbegrenzten Allmacht Gottes und seine Überzeugung von seiner Transzendenz wurden immer tiefer und fester, so daß Muḥammad den laschen Polytheismus der Mekkaner immer deutlicher verwarf und verurteilte. Der einzige Herr der Ka'ba sollte von nun an nur Gott allein sein, alle anderen Gottheiten und Götzen besitzen keine Bedeutung und überhaupt keine Macht und keine Wirklichkeit. Sein Monotheismus wurde immer kompromißloser, und zwar in späteren Phasen seiner Predigt nicht nur den Polytheisten gegenüber, sondern auch gegen jede Glaubensform und jede Redensart, die in irgendeiner Weise dem strengen Monotheismus abträglich sein könnte. Auch gegen nach seiner Auffassung übertriebene Formen der christlichen Frömmigkeit und gegen gewagte Formulierungen von Juden und Christen wird er sich aussprechen. Und der Koran wird als die schwerste Sünde, die Gott nicht vergibt, die Sünde der Beigesellung *(shirk)* betrachten, wenn man also dem einen, einzigen Gott andere Götter beigesellt: „Gott vergibt nicht, daß Ihm beigesellt wird, und Er vergibt, was darunter liegt, wem Er will“ (4,48; vgl. 4,116).

Widerstand der Mekkaner

Die beschwörenden Appelle Muḥammads, seine geißelnden Warnungen, sein eindeutiges Bekenntnis zu einem Monotheismus, der die Götter des Ka'ba-Heiligtums vernichten könnte, rief bei den auf diese Weise angegriffenen Mekkanern heftigen Widerstand hervor. Der Widerstand nahm Verfolgungsform an, als die Mekkaner feststellten, daß mit der neuen Predigt nicht nur ihr Lebensstil in Frage gestellt wurde, sondern auch ihre einnahmeträchtigen Geschäfte um die Ka'ba bedroht waren. Die Mekkaner versuchten zunächst, Muḥammad durch Zureden von seiten seines Onkels Abū-Ṭālib von seiner Haltung abzubringen: Er solle davon ablassen, gegen die Götter der Ka'ba zu predigen und die Vornehmen der Stadt zu diffamieren und zu beschimpfen. Muḥammad aber blieb seiner religiösen Überzeugung und seiner Sendung treu.

Harte Maßnahmen wurden gegen ihn und seine Anhänger getroffen. Sie wurden in ein Tal außerhalb der Stadt verbannt und als Ausgestoßene behandelt: Man durfte mit ihnen keinen Kontakt aufnehmen. Einige fanden sogar den Tod. Elf Familien schickte Muḥammad in das christliche Abessinien (im Jahre 615). Er gab ihnen eine Botschaft an den Kaiser von Abessinien mit auf den Weg: Es war ein Teil der 19. Sure des Korans, in dem die Geschichte Marias, der Mutter Jesu Christi, erzählt wird. Das war eine Art Bekundung einer irgendwie gearteten Verwandtschaft zwischen der Botschaft des neuen Propheten und dem Christentum. So wurden die Auswanderer in Abessinien freundlich aufgenommen. Sie scheinen jedoch nur einige Monate dort geblieben zu sein. Im Jahre darauf, 616, wanderten erneut etwa hundert Anhänger des Islams nach Abessinien und blieben dort bis nach der großen Auswanderung nach Medina im Jahre 622. Für diejenigen, die in Mekka weiterlebten, verbesserte sich die Lage inzwischen keineswegs. Die strenge Behandlung der Ausgestoßenen wurde zwar ein wenig gelockert, aber die Beziehungen zwischen der islamischen Gemeinde und der mekkanischen Bevölkerung wurden nicht besser. Es bestand keine Hoffnung, daß die einen oder die anderen einlenkten, um ein friedliches Zusammenleben zu ermöglichen: Muḥammad konnte nicht aufhören zu predigen, und die Mekkaner waren nicht bereit, seine Predigt, die sie in ihren Personen, in ihrem Leben und in ihren Geschäftsinteressen traf, zu dulden. Die einzige Zukunftsperspektive war die des offenen Kampfes. Nur, in Mekka waren die Positionen der Gegner ungleich. Es galt also zunächst einmal, die Gemeinde zu retten und in Sicherheit zu bringen, die Zahl der Gläubigen zu vermehren und ihre Stärke zu vervielfältigen. Erst dann hatte ein offener Kampf gegen die Mekkaner einige Aussichten auf Erfolg.

Auswanderung (Hidjra) und Leben in Medina

So wanderte Muḥammad mit der islamischen Frühgemeinde von Mekka nach Yathrib (das dann später Medina, die Stadt des Propheten, genannt wurde) aus, und zwar im Jahre 622. Dieses Jahr ist auch das erste der islamischen Zeitrechnung (die dem Mondkalender folgt) geworden. Diese Auswanderung der islamischen Gemeinde nach Medina bildet einen tiefen Einschnitt im Leben Muḥammads. Von nun an hatte er viel stärker für seine Gemeinschaft zu sorgen. Die Tatsache, daß die Zahl der Muslime immer weiter wuchs, bereitete ihm die Sorgen des sozialen und politischen Führers. Er konnte sich nicht mehr damit begnügen, eine von Askese inspirierte, auf das Jenseits gerichtete Botschaft zu predigen, er mußte sich mit dem Alltag der Muslime beschäftigen, eine soziale Ordnung auf die Beine stellen, die Fundamente der solidarischen islamischen Gemeinschaft legen, deren Solidarität nicht mehr auf der Blutsverwandtschaft, sondern auf dem gemeinsamen Glauben gründete. Endlich mußte Muḥammad den politischen und militärischen Kampf gegen die Feinde des Islams nach außen und auch innerhalb der Gemeinde selbst führen. Dafür brauchte er mehr als nur prophetischen Mut und leidenschaftliche Appelle. Er brauchte und entwickelte auch den Sinn für die alltäglichen Realitäten, für die komplexen Vorgänge einer Gesellschaft, für die psychologischen Widerstände, die die Reform der lebensnotwendigen Tradition bei primitiven Stämmen hervorrief. Muḥammad blieb also in Medina nicht nur der inspirierte Prophet und der weltabgewandte Asket, er wurde zunehmend zum klugen, abwägenden Staatsmann, zum weisen Gesetzgeber, zum politischen Führer und zum Feldherrn, kurz, zur Zentralfigur der frühislamischen Gemeinde. Der „Gesandte Gottes" sah seine Autorität durch die Erfolge seiner Politik und seiner Führung wie auch durch die Unterstützung der göttlichen Offenbarung immer größer und fester werden.

In Medina wurde Muḥammad samt seiner Gemeinde mit Wohlwollen aufgenommen. Er wußte sich in den Streitfragen zwischen den verschiedenen Parteien neutral zu verhalten und konnte somit mit der Zeit so viel Ansehen genießen, daß er sogar zum Schiedsrichter genommen wurde.

Was nun das Leben seiner Gemeinde anbelangt, so versuchte er, sie in die Gesamtbevölkerung der Stadt zu integrieren. Um die verschiedenen Gruppen miteinander zu verbinden, aus den Auswanderern *(muhādjirūn)* und den neuen Anhängern aus Medina *(anṣār)* eine einigermaßen geeinte Gemeinschaft zu machen und dabei die Versorgung der Auswanderer durch ihre neuen Glaubensbrüder zu sichern, ließ Muḥammad zwischen jedem Auswanderer und einer Familie aus Medina einen Bruderschaftsbund mit Beerbungsrecht schließen. Im darauffolgenden Jahr, 623, erließ Muḥammad die erste Gemeindeordnung, in der feierlich proklamiert wurde, daß alle Muslime miteinander verbunden sind und nun aufgrund ihres gemeinsamen Glaubens eine Gemeinschaft *(umma)* bildeten. Diese Statuten werden in der islamischen Tradition als Vorbild für jede Gesetzgebung in den islamischen Staaten und als Modell für das echte islamische Leben innerhalb der solidarischen Gemeinschaft betrachtet.

Was die Beziehungen der islamischen Gemeinde zu den Nichtmuslimen, vor allem zu den Juden in Medina, anbelangt, so versuchte Muḥammad, die Unterstützung der Juden für seine Predigt und für seine politischen Ziele zu gewinnen. Zunächst hatte er geglaubt, daß dies leicht sein werde. Denn er predigte ja denselben Monotheismus, wie ihn die Juden hatten, er berief sich auf Abraham, erkannte die Tora des Mose und die Propheten des Alten Testaments an. Um ein Zeichen seiner Zugehörigkeit zur biblischen Tradition zu setzen, hatte er den Muslimen vorgeschrieben, sich beim Gebet nach Jerusalem zu richten. Die Juden wollten jedoch die Echtheit seiner prophetischen Sendung nicht anerkennen: Sie hielten ihm vor, er würde die Geschichten der Propheten nicht fehlerlos wiedergeben, seine Predigt würde nicht in allen Punkten mit dem jüdischen Glauben und seine Gesetzgebung nicht in allen Punkten mit der Tora übereinstimmen. Außerdem wußten die Juden ihm zu entgegnen, daß die Berufung auf Abraham und Mose die Echtheit seiner Sendung noch lange nicht bestätigte. Im übrigen waren die Interessen der Juden durch die Verbündung mit den reichen und mächtigen Mekkanern eher gewahrt als durch die Freundschaft mit Muḥammad.

Nach vergeblichen Versuchen, sich die Unterstützung der Juden zu sichern, wandte sich Muḥammad von ihnen ab. Er vollzog zwei bestimmende Schritte, die ihm und dem Islam die Selbständigkeit sicherten. Der erste Schritt war theologischer Natur. Jenseits der Ansprüche von Juden und Christen, jeweils die einzige heilbringende Religion zu haben, berief er sich endgültig auf die Religion Abrahams, des Vaters aller

Gläubigen. Diese reine Religion, die noch von keiner Gesetzgebung und keinen Zusätzen verdeckt und vor allem von keiner Religionsgemeinschaft aufgenommen und allmählich verfälscht wurde, die Religion Abrahams, des ersten Ḥanīfen, ist die wahre Religion, und sie bestand schon vor dem Christentum (Jesus) und vor dem Judentum (Mose): 2,135: Und sie sagen: „Werdet Juden oder Christen, so folgt ihr der Rechtleitung." Sprich: Nein, (wir folgen) der Glaubensrichtung Abrahams, als Anhänger des reinen Glaubens; und er gehörte nicht zu den Polytheisten.

3,65: O ihr Leute des Buches, warum streitet ihr über Abraham, wo doch die Tora und das Evangelium erst nach ihm herabgesandt wurden? Habt ihr denn keinen Verstand?

3,67: Abraham war weder Jude noch Christ, sondern er war Anhänger des reinen Glaubens, ein Gottergebener, und er gehörte nicht zu den Polytheisten.

Somit hatte Muḥammad den biblischen Charakter seiner Botschaft bekräftigt, ohne sich an das Judentum oder das Christentum zu binden.

Der zweite Schritt der Verselbständigung des Islams war religiöser und politischer Natur zugleich. Es sollte nun der arabische Charakter der koranischen Offenbarung bekräftigt und gleichzeitig seine direkte Verbindung mit Abraham verdeutlicht werden. So erklärte Muḥammad, daß das Hauptheiligtum Arabiens, die Ka'ba zu Mekka, auf die Tätigkeit Abrahams zurückgeht. Die Ka'ba sei gar kein heidnisches Heiligtum, denn sie sei von Abraham und seinem Sohn Ismael als Heiligtum für die Araber und die Muslime gebaut worden (siehe 2,124–134). Infolge dieser neuen Version der Herkunft der Ka'ba konnte Muḥammad seiner Gemeinde vorschreiben, von nun an sich beim Gebet nicht mehr nach Jerusalem, sondern vielmehr nach der Ka'ba zu richten (2,142–150). Mit diesem zweiten Schritt hatte Muḥammad die Selbständigkeit des Islams endgültig besiegelt und zugleich die Ka'ba zum Versammlungsort aller arabischen Stämme und zum Symbol ihrer religiösen und politischen Einheit erklärt.

Die Beziehungen der islamischen Gemeinde zu den Juden wurden mit der Zeit so gespannt, daß Muḥammad diese hartnäckigen und gefährlichen Verbündeten der feindlichen Mekkaner zu beseitigen suchte. Er schlug sie in drei Feldzügen. Aber die Schwierigkeiten der Gemeinde in Medina kamen nicht nur von den Juden. In den Reihen der Muslime selbst befanden sich Leute, die aufgrund ihrer Verwandtschaft mit den Mekkanern gegen diese nicht gerne kämpften, andere, die zauderten und die Richtigkeit der Maßnahmen Muḥammads nicht immer einzusehen vermochten, endlich auch solche, die heuchelten, d. h. nach außen hin so taten, als hätten sie den Glauben, in ihrem Herzen aber dem Islam keinen Glauben schenkten, und deren Politik Verwirrung in den Reihen der islamischen Kämpfer stiftete. Mit diesen Zauderern und *Heuchlern* hat Muḥammad und nach ihm die Gemeinde lange Zeit zu tun gehabt. Gefährlich waren sie besonders in der Zeit, in der der Kampf gegen die Mekkaner noch nicht zugunsten der Muslime entschieden war.

Kampf gegen die Mekkaner

Der Kampf gegen die Mekkaner vollzog sich in verschiedenen Etappen, in denen die islamische Gemeinschaft nicht immer den Sieg errang. Ursache der Feindseligkeiten waren nicht nur die alten Ressentiments der Mekkaner gegen Muḥammad und seine Anhänger und der Wunsch der Muslime, ihre früheren Verfolger nun endlich zu bestrafen. Es ging auch um handfeste wirtschaftliche Interessen. Die islamischen Kämpfer versuchten, ihren Lebensunterhalt mit dem Überfall auf die Karawanen der reichen Mekkaner zu sichern. Das aber konnten die Mekkaner nicht zulassen. Da es dabei nicht um eine vorübergehende Erscheinung ging, suchten die Mekkaner ihre Karawanen zu schützen. So schickten sie eine starke Armee gegen Muḥammad. Diese erreichte das Tal Badr in der Nähe Medinas. Muḥammad erläuterte seinen Leuten die Bedeutung dieser Konfrontation mit den Mekkanern so: Es gehe um die Botschaft Gottes und um das Leben der Gemeinde. Im übrigen, so erklärte er, wer im Krieg falle, gehe ins Paradies als Märtyrer ein, wo ihn unsagbare Wonnen erwarteten. Die Muslime gewannen die Schlacht, was dem Propheten und der Gemeinde eine Festigung ihrer Stellung in der Stadt Medina und eine Steigerung ihrer Autorität brachte (im Jahre 624).

Ein Jahr später, 625, rückten die Mekkaner wieder heran und bereiteten den islamischen Truppen am Berg Uḥud eine offensichtliche Niederlage. Der Prophet selbst wurde verwundet. Die Mekkaner wußten jedoch ihren Sieg nicht voll auszunützen, sie meinten, damit der islamischen Gemeinde eine endgültige und schwer auszugleichende Schlappe zugefügt zu haben. Die Muslime waren ihrerseits verwirrt und fingen an, Zweifel an der Unterstützung und am Beistand Gottes zu hegen. Muḥammad hatte es schwer, das Vertrauen der Gläubigen wiederherzustellen. Erst ein Sieg gegen einen jüdischen Stamm in Medina, der sich mit den Mekkanern gegen die Muslime verbündet hatte, konnte die Lage retten.

Im Jahre 627 kamen die Mekkaner zahlreich und belagerten Medina. Auf Anraten eines Persers ließ Muḥammad einen Graben um die Stadt ziehen. Im Schutz der Stadtmauern und des Grabens konnten die Muslime lange Zeit Medina verteidigen. Die Mekkaner und ihre Verbündeten waren von der neuen Methode so überrascht, daß sie nicht lange die Belagerung fortsetzen mochten. Zudem verbreiteten sich Unzufriedenheit und Streit in den Reihen der Verbündeten. So zogen sich die Belagerer zurück. Diese Schlacht erhielt in der islamischen Tradition den Namen „Grabenkrieg“ *(khandaq)*.

Im Jahre 628 versuchte Muḥammad, mit seiner Gefolgschaft eine Wallfahrt nach der Ka'ba zu Mekka zu unternehmen. Es gelang ihm aber nicht, in die Stadt einzudringen. Die Mekkaner, deren Wirtschaft wegen der Beherrschung der Karawanenrouten im Norden durch die Muslime bedroht war, ließen Muḥammad wissen, daß sie zu einem Friedensabkommen mit ihm bereit seien. Ein zehnjähriger Waffenstillstand wurde abgeschlossen: Das ist das Abkommen von Ḥudaybiya. Muḥammad benutzte diese Waffenruhe, um sich der Ausbreitung des Islams noch intensiver zu widmen. Nach der islamischen Überlieferung soll er Briefe an den Großkönig von Persien, den Kaiser von Konstantinopel, den Statthalter von Alexandrien, den Kaiser von Abessinien und an Herrscher weiterer Staaten und Provinzen geschickt haben, um sie zu bewegen, zum Islam überzutreten.

Es scheint aber so, daß die Mekkaner das mit Muḥammad abgeschlossene Abkommen nicht einhielten. So faßte der Prophet den Entschluß, sich der Ka'ba endgültig zu bemächtigen. Er zog mit einer sehr starken Armee gegen Mekka, im Jahre 630. Überzeugt, daß diesmal jeder Widerstand sinnlos sei, ließen die Mekkaner die Muslime in ihre Stadt einziehen, nachdem sie die Zusicherung erhalten hatten, daß die Bevölkerung geschont würde. Muḥammad hielt auch sein Versprechen. Nur in der Ka'ba beseitigte er die Götzen, die heidnischen Kultsymbole und die Wandmalereien.

Sieg des Islams

Im Jahre 631 erklärte Muḥammad in feierlicher Form die Trennung der Gemeinschaft der Gläubigen von den Polytheisten. Der Zugang zur Ka'ba, die nunmehr zum Heiligtum des Islams geworden war, wurde jedem Nichtmuslim verwehrt. Die Muslime erhielten den Auftrag, sich um die Sache Gottes und seiner Religion zu bemühen, den Islam notfalls mit dem Kampf gegen die Feinde auszubreiten. Zu diesen Anordnungen siehe die gesamte Sure 9.

In den Jahren 630 und 631 verstärkten sich dann die Bekundungen der Treue und des Überganges zum Islam von seiten der arabischen Stämme in der Wüste. Die Tradition berichtet auch von einer christlichen Gesandtschaft aus Nadjrān im Jemen. Die Christen ließen sich zwar nicht vom Islam soweit überzeugen, daß sie ihn annahmen, sie kamen jedoch mit Muḥammad überein, daß jeder seine eigene religiöse Überzeugung beibehalten dürfe, daß sie aber nicht als Feinde auseinandergehen sollten[3]. Die christlichen und die jüdischen Enklaven im Norden der arabischen Halbinsel nahmen das Schutzangebot der Muslime an.

Im März 632 unternahm Muḥammad die erste reformierte Wallfahrt nach der neuen heiligen Stadt Mekka. Diese „Abschiedswallfahrt" oder „Wallfahrt des Islams", wie sie die islamische Überlieferung bezeichnet, bleibt das Vorbild und das verpflichtende Muster aller islamischen Wallfahrten. So hatte der Islam endlich seine endgültige Gestalt gefunden, er hatte einen Mittelpunkt, ein geistliches Zentrum, das das arabische und das biblische Erbe in sich vereinigte. Bevor Muḥammad von der Ka'ba Abschied nahm, rief er: „Gott! Habe ich meine Sendung nicht erfüllt?" Das ganze Volk beteuerte mit heller Begeisterung: „Ja doch, Gott!"

Nach Medina zurückgekehrt, war Muḥammad damit beschäftigt, Pläne zur Eroberung des Nordens durch Feldzüge gegen Persien und das Byzantinische Reich auszuarbeiten, als er überraschend krank wurde. Er starb in Medina am 8. Juni 632.

II
Quellen des Islams

Zu den Quellen des Islams gehören der *Koran*, der für die gläubigen Muslime als Wort Gottes gilt und auf der Autorität Gottes gründet; – der *Ḥadīth*, der die Überlieferung über die Aussprüche und Entscheidungen Muḥammads, des Verkünders des Islams, enthält und mit der Autorität des Propheten versehen ist; – endlich die *sharī'a*, das religiös begründete Gesetz zur Gestaltung der verschiedenen Bereiche des Lebens, das allerdings nur die Autorität der Rechtsgelehrten beanspruchen kann.

1. Der Koran

Für die gläubigen Muslime ist der Koran das heilige Buch, in dem die Offenbarung niedergeschrieben ist, die Gott durch den Propheten Muḥammad den Menschen kundgetan hat. Er ist somit die Quelle und der Maßstab des richtigen Glaubens und die Grundlage und die Norm des rechten Handelns.

Entstehung des Korans

Das Wort Koran, genauer: Qur'ān, kommt von *qara'a*: „lesen, vortragen", denn Muḥammad wurde zu Beginn der Offenbarung aufgefordert: *iqra':* Lies! (96,1). Der Koran ist also die Sammlung der von Gott auf Muḥammad herabgesandten und von diesem im Auftrage Gottes verkündeten Offenbarungen. Diese bildeten kein homogenes, auf einmal vorgetragenes Ganzes, sondern sie bezogen sich oft auf besondere Umstände des Lebens der Gemeinde, oder sie waren Antworten auf Anfragen von seiten einzelner Menschen, wobei sie dann allgemeine Regelungen trafen. Die Anlässe, die dazu führten, daß Gott seinen Willen bekundete, waren also zahlreich und sehr verschieden. Es ging auch nicht immer um den Erlaß von Rechtsnormen oder von praktischen Verordnungen. Oft nahm die Offenbarung die Gestalt einer Predigt an, welche eine Ermahnung für die Gläubigen oder eine Auseinandersetzung mit den Ungläubigen und die Zurückweisung ihrer Argumente oder die Erzählung von Straflegenden beinhaltete. Jede Verkündigung, aus welchem Anlaß sie auch vorgetragen wurde, zielte darauf ab, zum rechten Glauben zu führen und den rechten Weg zu weisen.

So befleißigten sich die Anhänger und die Gefährten Muḥammads, die Worte der prophetischen Botschaft zu behalten, als Norm für ihren Glauben, als Richtschnur für ihre Lebenspraxis, aber auch als Buch, aus dem die Lesungen beim Gottesdienst genommen werden. Was niedergeschrieben werden konnte, wurde auf das damals vorhandene Schreibmaterial (Leder, Holz, Palmblätter, Seidentücher, weiße Steine, Schulterknochen) fixiert. Das übrige wurde sorgsam in das Gedächtnis zuverlässiger Männer eingeprägt und von ihnen der Gemeinde vorgetragen.

Offizielle Ausgabe des Korans

Erst nach dem Tod Muḥammads begann eine Periode, in der viele seiner Gefährten im Kampf gegen die Ungläubigen den Tod fanden. Mit ihrem Tod war die Gefahr erkennbar, daß viele Stellen des Korans verlorengingen. Unter dem Khalifen Abū-Bakr (632–634) wurde Zayd, Adoptivsohn und vormals Sklave Muḥammads, beauftragt, den Koran zu sammeln und in einer zuverlässigen Fassung der Gemeinde zugänglich zu machen. Diese Urausgabe des Korans ist die Grundlage aller späteren, auch der heute als kanonisch geltenden Ausgabe.

Aus den zahlreichen Überlieferungen über die Einzelheiten der Entstehungsgeschichte der offiziellen Ausgabe des Korans lassen sich folgende Angaben herleiten:

Es gab verschiedene Lesarten, die alle vom Propheten selbst als legitim erklärt worden seien. Bei der Rezitation des Korans, so habe der Prophet selbst erlaubt, solle der Sinn unbedingt bewahrt bleiben, die Worte selbst könnten unterschiedlich sein. So haben sich die sogenannten *sieben Lesarten* des Korans, entsprechend den sieben Hauptrezitatoren, gebildet. Um dennoch zu verhindern, daß die Einheit der Gemeinschaft durch die Verschiedenheit der Vortragsweise oder der Ausdrucksweise des Korans gefährdet wird und daß es dadurch zu Spaltungen kommt, wurde unter dem Khalifen 'Uthmān (644–656) dem ersten Redaktor des Korans, Zayd, erneut der Auftrag erteilt, nunmehr eine für alle verbindliche Fassung zu erstellen. So entstand auf der Grundlage der Urausgabe ein einheitlicher, bereinigter Text, der zum einzig verbindlichen erklärt wurde. Von diesem Text wurden dann Abschriften in die vier Hauptstädte des islamischen Reiches gesandt: Medina (Arabien), Damaskus (Syrien), Kūfa und Baṣra (Irak). Es erging auch der Befehl an alle Provinzen, alle anderen Texte und Koranexemplare zu vernichten. Über das Ausmaß der Textbearbeitung der Urausgabe wird nichts Zuverlässiges überliefert.

Trotz der Fixierung eines einheitlichen Textes blieb eine weitere Unsicherheit im Lesen des Korans bestehen. Denn der offizielle Text war nicht mit Vokalen und diakritischen Zeichen versehen. Es gab auch keine besonderen Zeichen, um zwischen ähnlichen oder gar gleich aussehenden Buchstaben unterscheiden zu können. So war an manchen Stellen die Möglichkeit unterschiedlicher Lesarten gegeben.

Unter dem Umayyaden-Statthalter des Irak, al-Ḥadjjādj Ibn Yūsuf (694–714), und wahrscheinlich auf seine Intervention hin wurde dann eine *scriptio plena*, eine vollständige Niederschrift des koranischen Textes angefertigt, damit die Möglichkeit der abweichenden Lektüre so gering wie nur möglich gehalten wurde. Mit dieser letzten, endgültigen Ergänzung hat die islamische Gemeinschaft die Version erhalten, die sich bis heute im Gebrauch befindet.

Struktur des koranischen Textes

Der Text des Korans umfaßt 114 Kapitel oder Suren (Mehrzahl von *Sūra*), mit jeweils einer ungleichmäßigen Anzahl von Versen oder Āyāt (Einzahl: *āya*).

Die Ordnung der Suren erfolgt nicht nach einem bestimmten Prinzip. Suren aus den verschiedenen Perioden der Verkündigung Muḥammads werden aneinandergereiht[1]. Auch kann man nicht sagen, daß sie streng nach ihrer Länge geordnet worden sind, denn ein Vergleich der verschiedenen Suren schon im ersten Teil des Korans zeigt, daß dieses Ordnungsprinzip nicht streng anwendbar ist, obwohl die ersten Suren offensichtlich länger sind als die letzten. Vielleicht schien der Inhalt der ersten Suren (vorwiegend Verordnungen und Gesetzesvorschriften) für den Alltag der islamischen Gemeinde so wichtig, daß man diese Texte an den Anfang des heiligen Buches stellte.

Die Suren, mit Ausnahme der Sure 9 (die als Testament des Muḥammad an seine Gemeinde gelten könnte), werden mit der bekannten Anrufung des Namens Gottes (*basmala*) eröffnet: „Im Namen Gottes, des Erbarmers, des Barmherzigen."

Jede Sure trägt eine Bezeichnung, die allgemein ein Wort aus dem Text wiedergibt. Z.B. heißen die ersten Suren: 2. Die Kuh *(al-Baqara);* 3. Die Sippe 'Imrāns *(Āl 'Imrān);* 4. Die Frauen *(al-Nisā');* 5. Der Tisch *(al-Mā'ida)* usw. Die erste Sure des Korans, „Die Eröffnung" *(al-Fātiḥa),* wird von den Muslimen eifrig rezitiert; sie ist das bekannteste Gebet im Islam.

Autorität des Korans

Die Autorität des Korans für den Glauben und die Lebenspraxis der Muslime hängt mit seinem göttlichen Ursprung zusammen. In unzähligen Versen bezeichnet der Koran die Botschaft, die er enthält, als eine göttliche Offenbarung, welche Muḥammad durch den Engel Gabriel (42,52; 2,97) übermittelt wurde. Bei dieser himmlischen Botschaft geht es überdies um die Abschrift eines im Himmel aufbewahrten Urbuches, welches als das Original aller heiligen Schriften gelten kann (56,77–80; 85,21–22; 43,4). So stimmt der Grundinhalt des Korans mit dem der früheren Schriften überein (87,18–19; 35,31; 10,37; 46,12; 3,3; 5,48). Er unterscheidet sich von ihnen dadurch, daß er in arabischer Sprache herabgesandt worden ist (43,2–4; – 20,113; 26,195 usw.).

Der göttliche Ursprung des Korans ist die Grundlage seiner unbestrittenen und absoluten Autorität für die Muslime. Der Koran ist unfehlbar. Er kann Anspruch auf uneingeschränkten Gehorsam erheben.

Erst nach langem Zögern wurden Übersetzungen des Korans in Fremdsprachen zugelassen, dies angesichts der Anforderungen des praktischen Lebens, d. h. der Notwendigkeit, den Inhalt des Korans den Nichtarabern verständlich zu machen. Der Widerwille der Muslime in bezug auf die Übersetzungen des Korans hat auch seine Wurzel in der dogmatisch begründeten Ehrfurcht vor der koranischen Sprache. Der Koran ist in arabischer Sprache offenbart worden. Diese Tatsache bedeutet für die Muslime eine Art Weihe der arabischen Sprache, welche den Status einer göttlichen Sprache erhält. Als solche ist die Sprache des Korans heilig, erhaben, geheimnisvoll. Und es wundert niemanden, daß sie nicht für alle und nicht in allen Punkten für die Menschen verständlich ist. Gerade dieser göttliche Charakter der Sprache des Korans erklärt die Faszination, die sie auf die Gläubigen ausübt.

Der faszinierende Charakter der koranischen Sprache rührt aber auch von ihrer unbestrittenen Schönheit her. Sie ist dichterisch, an vielen Stellen außerordentlich intensiv, leidenschaftlich und emotionsgeladen. Ihre Reinheit und Harmonie sind beispielhaft. Ihre Ausdruckskraft ist solcherart, daß der Gläubige sich kaum ihrem Beschwörungseffekt entziehen kann.

Die Wirkung des koranischen Textes wird dadurch verstärkt, daß man zu den Gebetszeiten Rezitationen veranstaltet, die manchmal einen hohen künstlerischen Wert besitzen und die Menschen in ihren Bann ziehen. Am Freitagmittag, bei versammelter Gemeinde, wird der Koran feierlich rezitiert, und die Reaktion der Gemeinde verdeutlicht, mit welcher Intensität die Gläubigen die Worte Gottes in dieser unnachahmlichen Sprache erleben.

Gerade wegen ihrer Schönheit und ihrer Unnachahmlichkeit *(i'djāz)* besitzt die Sprache des Korans für die islamische Theologie den Status eines Beglaubigungswunders für die prophetische Sendung Muḥammads.

Bedeutung des Korans für das Leben der Gläubigen

Der Koran ist ein Beglaubigungswunder für die Sendung Muḥammads nicht nur im Hinblick auf seine Sprache, sondern auch und vor allem im Hinblick auf den Inhalt seiner Botschaft.

Der Koran ist eine Ermahnung für die Menschen. Er begleitet sie in ihrem Leben, im Alltag und in den besonderen Anlässen, mit seiner Rechtleitung, mit seiner Belehrung, seiner Urteilshilfe und seinen praktischen Anweisungen. In jeder Situation findet der Gläubige passende Stellen des Korans, die ihn ermuntern, im Gehorsam gegen Gott auszuharren. Andere Stellen spenden ihm Trost, wenn er trauert. Wieder andere teilen ihm die Weisheit umsichtiger Überlegung und tiefer menschlicher Erfahrung mit und verhelfen ihm zu einer Einsicht, die sein Leben fördert und ihm innere Zufriedenheit verleiht.

Dies gilt aber nicht nur theoretisch. Die Muslime haben für jede Situation eine Koranstelle parat; so helfen sie sich selber, ihr Leben in den Gehorsam gegen den Willen Gottes einzubinden. Der Koran ist auch die vorzügliche Quelle verschiedener Gebete. Die Koranrezitation, ob in einfacher oder feierlicher Form, gehört zum Wesen des Gebets im Islam. So ist der Koran der Wegweiser des Gläubigen zu Gott, er lehrt ihn, zu Gott zu reden, ihn anzurufen und sich in der besten Weise unter seinen Willen zu unterwerfen, sich seinem Dienst hinzugeben, d. h. im eigentlichen Sinne Muslim zu sein.

Der Koran ist überdies die Hauptquelle der Glaubenslehre und der gesetzlichen Bestimmungen. Auf seinem Text gründen die Grundartikel des islamischen Glaubens, auf seinen Inhalt beruft sich der Theologe, um die Einzelheiten der islamischen Religion auseinanderzusetzen. Seine Autorität gilt als Garant für die Wahrheit des Glaubens und die Richtigkeit des Handelns sowohl der einzelnen Gläubigen als auch der Gemeinschaft.

2. Sunna und Ḥadīth

Die zweite Hauptquelle des Islams ist der Weg *(sunna)* des Propheten Muḥammad, wie ihn die überlieferten Berichte *(Ḥadīth)* beschreiben. Es geht hier also nicht um Offenbarungsinhalte, sondern um das vorbildliche Verhalten des Propheten (vgl. 33,21), um seine verbindliche Interpretation und Umsetzung der Offenbarung in den vielen Einzelfällen des alltäglichen Lebens. Die Art und Weise, wie der Prophet lebte, sich verhielt, sich äußerte oder eben schwieg, all das verdeutlichte seinen Weg im Leben.

Die Einzelheiten über den Weg des Propheten werden in der Überlieferung festgehalten. Es sind vorwiegend: – Das Verhalten Muḥammads, seine Handlungsweise in verschiedenen Lebenssituationen. Diese Handlungen werden als Vorbild für die Gläubigen betrachtet. – Die Aussprüche des Propheten und seine Anweisungen, die Verordnungen, die er erlassen hat, sowie seine Stellungnahmen zu verschiedenen Fragen. – Auch die Handlungsweise der Gefährten Muḥammads, soweit dieser sie geduldet, gebilligt oder gar ausdrücklich weiterempfohlen hat.

Je größer die Gemeinde wurde und je öfter neue Fragen entstanden, desto dringlicher wurde die Aufgabe, die bislang nur mündlich überlieferten Aussprüche und Handlungen des Propheten zu fixieren. Denn nur so konnte garantiert werden, daß die Gemeinde dem Weg Gottes und dem Weg des Propheten treu blieb.

Dringend wurde die Aufgabe der Sammlung un der kritischen Sichtung vorhandener Überlieferungen auch deswegen, weil die Aussprüche und Handlungen, die man dem Propheten zuschrieb, immer zahlreicher wurden. Die Beliebigkeit und der Erfindungseifer von Theologen, Exegeten und Gesetzeslehrern gingen so weit, daß der bekannte Ḥadīth-Sammler Muslim offen zugab: „Wenn wir eine bestimmte Auffassung vertraten, so war es bei uns üblich, sie in Form einer Überlieferung vorzutragen."

Traditionskritik

Um die Flut erfundener Überlieferungen einzudämmen, war es notwendig, Grundsätze festzulegen und Methoden zu entwickeln, um die echten Traditionen von den falschen oder unzuverlässigen zu unterscheiden.

So wurden die Überlieferungen in drei Kategorien eingeteilt: 1. echte, authentische *(ṣaḥīḥ)*, 2. schöne *(ḥasan)*, also nicht einwandfrei zuverlässige, und 3. schwache *(ḍaʿīf)*, also Gegenstand ernst zu nehmender Bedenken.

Die Bedingungen, die die authentischen Überlieferungen zu erfüllen haben, beziehen sich auf die zwei Teile jeder Überlieferung: deren Inhalt und die Kette der überliefernden Gewährsmänner, deren moralische Qualität für die Echtheit ihrer Aussagen sprechen soll. Um als echt gelten zu können, muß eine Überlieferung also folgende Kriterien aufweisen:

1. Der Gewährsmann muß in bezug auf seinen Glauben und sein religiöses Verhalten tadellos sein. – Er muß vertrauenswürdig sein und vorbehaltlose Annahme finden. – Er muß die Gewähr bringen, daß er die überlieferten Angaben richtig versteht und sie auch richtig weitergibt. – Er muß mehr als nur *einen* Ḥadīth überliefert haben.

2. Die Überlieferung selbst muß eine lückenlose Kette von Gewährsmännern aufweisen. – Sie muß ausdrücklich

feststellen, daß der Gesandte Gottes, Muḥammad, dies oder jenes getan oder gesagt hat. – Sie muß einen Inhalt haben, der in die Zeit der ersten Gemeinde um Muḥammad hineinpaßt.

Durch die Anwendung dieser strengen Maßstäbe konnten unzählige Überlieferungen als unzuverlässig oder nicht einwandfrei zurückgewiesen werden. Desgleichen konnten viele Gewährsmänner als nicht einwandfrei zuverlässig abgelehnt werden. Aus 500.000 Überlieferungen habe Abū-Dāwūd nur 4.800 behalten, und von 40.000 Gewährsmännern mochte al-Bukhārī nur 2.000 annehmen.

Handhabung des Ḥadīth

Unter den echten Traditionen unterscheiden die muslimischen Rechtsgelehrten drei Kategorien von Berichten mit abnehmender Autorität und Verbindlichkeit. Die erste Gruppe umfaßt die ursprünglichen, in ununterbrochener Tradition überlieferten Erzählungen. Die zweite Gruppe ist die der bekannten, erst später in ununterbrochener Tradition überlieferten Berichte. Die dritte Gruppe bilden die Überlieferungen, die von einzelnen Gewährsleuten tradiert wurden.

Die Berichte der dritten Gruppe, auch Einzelüberlieferungen genannt, gehen zwar auf die Zeit des Propheten Muḥammad oder auf die Zeit seiner Gefährten zurück, aber sie haben den Grad einer ununterbrochenen Überlieferung der ersten drei Generationen nicht erreicht. Die meisten Ḥadīth gehören in diese Kategorie von Überlieferungen, wie muslimische Autoren bestätigen. Diese Einzelüberlieferungen begründen eine Wahrscheinlichkeit in Rechtsfragen, aber nicht eine feste Gewißheit und eine unangefochtene Rechtssicherheit, denn ihre Zugehörigkeit zu den echten Sprüchen des Propheten steht nicht absolut einwandfrei fest. Sie begründen auch nicht eine fast sichere Wahrscheinlichkeit, denn die islamische Gemeinschaft hat sie nicht wie die allgemein bekannten Überlieferungen angenommen und behandelt. So besitzen Einzelüberlieferungen keine absolute Autorität in Rechts- und Glaubensfragen. Auf dem Gebiet der praktischen Rechtsfragen kann man sich auf sie berufen, wenn ihre Echtheit eher wahrscheinlich erscheint, denn in konkreten Fragen genügt eine Wahrscheinlichkeit als Grundlage des praktischen Handelns.

Die wichtigsten Traditionssammlungen sind die von al-Bukhārī (810–870), Muslim (817/821–875), Abū-Dāwūd (817–888), al-Tirmidhī (starb zwischen 883 und 892), Ibn Mādja (824–886), al-Nasā'ī (starb 915).

3. Sharī'a und Rechtssystem

Neben dem Koran und der Sunna gilt – wenn auch heute nur theoretisch – die Übereinstimmung der Rechtsgelehrten der islamischen Welt als eine autoritative Quelle des islamischen Glaubens und Gesetzes. Die Sharī'a und das Rechtssystem werden als sekundäre Grundlagen des islamischen Gesetzes betrachtet. Sie wenden folgende Grundsätze und Techniken zur Rechtsfindung und zur Festlegung der Rechtsbestimmungen an.

Der Brauch und das Gewohnheitsrecht

Das islamische Rechtssystem erkennt den Brauch *('urf)* und das Gewohnheitsrecht *('āda)* und die Regelungen an, die aus der allgemeinen, bei der Bevölkerung oder bei einer bestimmten Gruppe üblichen Deutung der Rechtslage stammen. Dieses Gewohnheitsrecht ist die Grundlage der gesellschaftlichen Ordnung in all den Fällen, die durch die Heranziehung der autorisierten Quellen des Gesetzes nicht eindeutig gelöst werden. So hat das islamische Rechtssystem in vielen Fällen die Gesetze anerkannt, die vor ihm in den verschiedenen Ländern in Kraft waren.

Das eigene Urteil

In all den Fällen, in denen den primären und den sekundären Quellen des Rechts keine Richtlinie zu entnehmen ist, hat der Rechtsgelehrte die Pflicht, sich ein eigenes Urteil *(ra'y)* zu bilden, indem er sich an den sonstigen Angaben des Glaubens, den sittlichen Normen und den rechtlichen Bestimmungen orientiert, die ihm in den Quellen des Islams und in den übrigen Quellen vorgegeben sind.

Grundsätze zur Urteilsbildung

Seine Bemühung *(idjtihād),* die auf seiner Fachkompetenz und seinem Glaubenssinn beruht, gilt als eine ausreichende Grundlage zur Legitimierung bestimmter Handlungen oder zur Schlichtung von Rechtskonflikten. Bei allen Bemühungen, die Rechtsnormen aus den Quellen des Islams auszuarbeiten oder rechtliche Vorschriften zur Anwendung zu bringen, müssen folgende Grundsätze beachtet werden, damit das Gesetz und seine praktische Handhabung ihr Ziel erreichen können.

Es gibt Fälle, in denen man zu einer Lösung hinneigt, und dies aufgrund eines Analogieschlusses, der dem Rechtsgelehrten erst einfällt und ihm auf den ersten Blick als passend und unter den normalen Umständen geboten erscheint. Bei weiterem Hinsehen stellt aber der Rechtsgelehrte fest, daß ein anderer Analogieschluß möglich ist, der nicht sofort erkennbar war, der aber wirksamer und passender erscheint. Wenn er nun seine Meinung ändert und sich zum zweiten Ergebnis seiner Bemühung bekennt, so folgt er seinem „Für-gut-Halten" *(istiḥsān).* Desgleichen greift das Für-gut-Halten, wenn der Rechtsgelehrte aus einem vertretbaren Grund von der allgemeinen Regel abweicht und im vorliegenden Fall eine Sonderregelung anwendet und aus dem praktischen Fall eine Ausnahme macht.

Der Schulgründer Shāfi'ī lehnt das Für-gut-Halten als Grundlage der Feststellung einer Rechtsnorm bzw. ihrer praktischen Anwendung ab, denn er sieht darin eine unberechtigte gesetzgeberische Tätigkeit des Rechtsgelehrten. Die Befürworter dieses Grundsatzes (bei den Ḥanafiten und Mālikiten) führen seine Beweiskraft darauf zurück, daß dabei der Rechtsgelehrte sich entweder auf einen Analogieschluß (der ohne Zweifel berechtigt ist) oder auf das Interesse *(maṣlaḥa)* der Gläubigen beruft.

Das Interesse der Gläubigen als Prinzip der Feststellung des Rechts ist zwar unter den Gelehrten umstritten, es berücksichtigt jedoch den allgemeinen Zweck der Gesetzgebung. Denn das islamische Gesetz zielt darauf, das Gute für die Menschen zu verwirklichen. Da aber das Gute und das richtige Interesse der Gläubigen unter verschiedenen Umständen und in verschiedenen Zeiten auch verschiedene Gestalten annehmen, so muß es dem Rechtsgelehrten gestattet sein, unter Berücksichtigung aller Umstände die für die jeweilige Situation der Gemeinde günstige Lösung festzustellen. Den Grundsatz, der das Interesse der Gemeinschaft und der Gläubigen für eine berechtigte Grundlage der Rechtsfindung und der Rechtsprechung hält, nennt man *istiṣlāḥ*. Die praktische Anwendung dieses umstrittenen Grundsatzes wird nur unter Berücksichtigung vieler Bedingungen als zulässig angesehen.

Ein weiterer Grundsatz des islamischen Rechts ist die Wahrung der Gerechtigkeit *(inṣāf)* und die Verwirklichung des Guten. Der Koran bestätigt es ausdrücklich: „Gott befiehlt (zu tun), was recht und billig ist" (16,90). Das Prinzip der Billigkeit erlaubt, die Umstände zugunsten des Menschen auszulegen und das Recht so zu gestalten, daß er damit die Förderung seines Lebens, seiner Anliegen und seiner Frömmigkeit erfährt.

Eine Anwendung dieses Grundsatzes erfolgt durch die Anerkennung des bestehenden Rechtsstatus bzw. die Bestätigung der Rechtslage, solange nicht das Gegenteil bewiesen ist oder feststeht *(istiṣḥāb)*. Das bedeutet näherhin, daß man von der Unschuld eines Menschen ausgehen muß, solange seine Schuld nicht bewiesen wurde; daß die allgemeinen

Vorschriften auch allgemein angewandt werden müssen, bis der Beweis erbracht wird, daß diese Vorschriften nur für Sonderfälle erlassen wurden; daß man das bestehende Recht respektiert, bis bewiesen ist, daß die Rechtslage sich geändert hat; daß endlich das früher Geltende betrachtet wird, bis das Gegenteil bewiesen wurde. Damit soll eine Rechtssicherheit zugunsten der Menschen erreicht werden.

Endlich muß der Rechtsgelehrte die eindeutige Tendenz des islamischen Gesetzes zur Erleichterung der Pflichten der Menschen berücksichtigen. Die Erleichterung der Gesetzesbestimmungen hat Gott beschlossen, weil er ein feinfühliger und gütiger Gott ist, der mit den Menschen Nachsicht übt und ihnen Barmherzigkeit erweisen will (42,19; 33,34). Auch weiß er, daß der Mensch irdisch und schwach ist (55,32). Daher hat er seine Absicht wie folgt bekanntgegeben: „Gott will sich euch zuwenden … Gott will euch Erleichterung gewähren. Der Mensch ist ja schwach erschaffen worden“ (4,27–28). An verschiedenen Stellen und zu verschiedenen konkreten Bestimmungen stellt der Koran fest: „Gott will für euch Erleichterung, Er will für euch nicht Erschwernis“ (2,185). „Gott will euch keine Bedrängnis auferlegen …“ (5,6). „Gott fordert von niemandem mehr, als er vermag“ (2,286; 7,42; vgl. 65,7).

Rechtsschulen des sunnitischen Islams

Bei der Festlegung der gesetzlichen Bestimmungen haben sich im Islam verschiedene Schulen gebildet, die alle als orthodox und somit als legitim betrachtet werden. Die Rechtsschulen *(madhhab*, plur. *madhāhib)* des sunnitischen Islams unterscheiden sich durch den Wert, den sie jeweils der Tradition, der Übereinstimmung der Gemeinschaft oder den anderen Methoden beimessen. Sie sind vier an der Zahl:

Die Schule der *Mālikiten*, deren Gründer der aus Medina stammende Mālik (715–795) ist, ist konservativ und legt größten Wert auf die Tradition, vor allem die der Frühgemeinde in Medina. Ihr gehören Nordafrika, Westafrika und der Sudan an.

Die Schule der *Ḥanafiten*, deren Gründer der Perser Abū-Ḥanīfa (699–767) ist, ist liberal und beruft sich auf den gesunden Menschenverstand. Sie wird befolgt in Zentralasien, Pakistan, der Türkei und bei verschiedenen Minderheiten, die unter türkischem Einfluß standen (z. B. Ägypten, Tunesien ...).

Die Schule der *Shāfi'iten*, deren Gründer Shāfi'ī aus Ghazza (767–820) ist, nimmt eine Mittelstellung zwischen den liberalen Ḥanafiten und konservativen Mālikiten ein. Sie ist verbreitet in Indonesien und im ganzen Vorderen Orient.

Die Schule der *Ḥanbaliten*, deren Gründer Ibn Ḥanbal (780–855) ist, hängt dem strengen, kompromißlosen Traditionalismus ihres Gründers an und herrscht heute hauptsächlich in Saudi-Arabien.

4. Theologische Schulen

Die theologische Reflexion im Islam bemüht sich, die „Grundlagen der Religion" *(uṣūl al-dīn)* herauszuarbeiten und gegen die Angriffe der Andersgläubigen (Juden, Christen, Philosophen) mit einer überzeugenden „Beweisführung" *(kalām)* zu verteidigen. Ihre Rolle besteht in erster Linie darin, das religiöse Leben der islamischen Gemeinschaft zu begründen und eine unanfechtbare Apologetik aufzubauen. Je nach der Tendenz der verschiedenen theologischen Schulen wird bei der Argumentation der Akzent auf die Tradition, die Vernunft oder eine „vernünftige Tradition" gelegt.

Die wichtigsten theologischen Schulen des Islams sind folgende:

Die *Traditionalisten*, später auch Ḥanbaliten genannt (nach ihrem Anführer Ibn Ḥanbal, 780–855), berufen sich ausschließlich auf den Koran und die Tradition als einzig zuverlässige Quellen des Glaubens und der religiösen Praxis. Jede Abweichung von dieser strengen Tradition wird als „Neuerung“ *(bid'a)* verurteilt. Auch der Gebrauch der Vernunft bei der Auseinandersetzung mit den Andersgläubigen oder im innerislamischen Meinungsstreit wird als unzulässig zurückgewiesen. Denn der Mensch soll dem Lichte Gottes folgen und sich nicht anmaßen, selbst einen eigenen Beitrag zur Vertiefung der Glaubenslehren oder zur Entfaltung der gesetzlichen Verordnung leisten zu wollen.

Die *Mu'taziliten* gehen davon aus, daß der Mensch ein von Gott mit Vernunft begabtes Wesen ist und daher die Pflicht hat, diese Vernunft auch im Bereich der Religion anzuwenden. Diese Pflicht wird um so notwendiger, je dringender die Aufgabe wird, mit den Gegnern des Islams über Inhalte der Offenbarung zu diskutieren. Die Mu'taziliten empfehlen, den Zweifel und nicht die falsche Sicherheit als Beginn der Suche nach der Wahrheit zu nehmen. „Fünf Zweifel sind besser als eine Gewißheit“, betonen sie. Die religiöse Tradition und der Glaube des Volkes müssen der Kontrolle der Vernunft unterzogen werden, damit eventuelle Widersprüche ausgemerzt werden.

Gegen den uneingeschränkten Gebrauch der Vernunft und damit gegen einen Vernunftsglauben, aber auch gegen den blinden Traditionsglauben wandte sich der große Theologe al-Ash'arī (873–935), der Gründer der Schule der *Ash'ariten*. Die Lehrsätze des Glaubens müssen auf jeden Fall, so sagt al-Ash'arī, auf dem Text des Korans und den Angaben der Überlieferung gründen. Man muß aber die Tradition der Kontrolle der Vernunft unterziehen, um der Beliebigkeit und der Widersprüchlichkeit Einhalt zu gebieten und die echte Tradition von den falschen Erfindungen zu unterscheiden. Im Glaubensstreit mit Andersgläubigen und anderen theologischen Richtungen gilt es aber, die Gegner mit vernünftigen Gegengründen zu überzeugen und die eigene Argumentation logisch aufzubauen. Dieser „vernünftige Traditionalismus“ der Ash'ariten wurde jahrhundertelang die Position der islamischen Orthodoxie.

III

Der Gott des Islams

Der Glaube an Gott ist die Mitte des Islams. Die gesamte Gestaltung der islamischen Religion ist ein Ausdruck des starken Theozentrismus, der uneingeschränkten Hingabe an Gott und der bedingungslosen Unterwerfung unter seinen Willen. „Es gibt keinen Gott außer Gott", heißt es in der Formel des islamischen Glaubensbekenntnisses. Der Prophet Muḥammad wiederholt dieses Bekenntnis in unzähligen Versen des Korans. Dieser Gott, dessen Einzigkeit und unbedingte Herrschaft im Koran unablässig verkündet wird, war in der Umgebung Muḥammads kein Unbekannter. Juden und Christen bekannten sich zum einen Gott der heiligen Offenbarung. Auch die Polytheisten kannten einen höchsten Gott, den Herrn der Ka'ba: Allāh ist der Schöpfer, aber er wirkt nur noch selten in der Welt der Menschen. So pflegten auch die Menschen ihn nur noch in äußerster Not anzurufen; im Alltag kümmerten sie sich nicht mehr um ihn und seinen Dienst, nicht mehr um seinen Zorn und sein unentrinnbares Gericht. Gerade diese Sorglosigkeit und gefährliche Blindheit der Menschen war ein ernster Anlaß für die Verkündigung Muḥammads. Er warf seinen Landsleuten Torheit und religiöse Unempfindlichkeit, Verstandeslosigkeit und letzten Endes Unglauben vor

Da der Koran davon ausgehen konnte, daß die Menschen schon eine bestimmte Kenntnis von Gott besaßen, versuchte er, weniger seine Existenz zu bestätigen, als die Eigenschaften seines erhabenen Wesens auszuweisen und die Art seiner Wirkung in der Schöpfung und im Leben der Menschen herauszustellen.

1. Das Wesen Gottes

Der Islam ist eine streng monotheistische Religion. Die zentralen Lehrsätze dieses Monotheismus sind die Einzigkeit Gottes und die innere Einheit seines Wesens.

Einzigkeit Gottes

„Ich bezeuge: Es gibt keinen Gott außer Gott", so lautet der erste Hauptteil des islamischen Glaubensbekenntnisses. Unzählige Verse des Korans wiederholen es unentwegt: Gott ist ein Einziger (37,4; vgl. 52,43; 73,9; 20,14; 23,91–92.116; 41,6; 2,163.255; 3,2 usw.). Eine prägnante Formel des islamischen Monotheismus findet sich in der kurzen Sure 112:

112,1–4: Sprich: Er ist Gott, ein Einziger, Gott, der Undurchdringliche. Er hat nicht gezeugt, und Er ist nicht gezeugt worden, und niemand ist Ihm ebenbürtig.

In feierlicher Form wird dieses monotheistische Zeugnis auf Gott, die Engel und die Offenbarungsempfänger zurückgeführt: „Gott bezeugt, daß es keinen Gott gibt außer Ihm, ebenso die Engel und diejenigen, die das Wissen besitzen. Er steht für die Gerechtigkeit ein. Es gibt keinen Gott außer Ihm, dem Mächtigen, dem Weisen" (3,18).

Der Monotheismus ist somit die Mitte des Korans sowie die Mitte jeder prophetischen Verkündigung und jedes Glaubensinhaltes. Die schwerste Sünde besteht darin, Gott andere Nebengötter beizugesellen *(shirk)*; sie macht die Werke der Menschen hinfällig und setzt sie der göttlichen Strafe aus (39,65). Diese Sünde wird von Gott nicht vergeben: „Gott vergibt nicht, daß Ihm beigesellt wird, und Er vergibt, was darunter liegt, wem Er will. Und wer Gott (andere) beigesellt, hat eine gewaltige Sünde erdichtet" (4,48; vgl. 4,116).

Gegen den arabischen Polytheismus

Das erklärte Ziel der koranischen Botschaft war, die Araber vom Kult ihrer verschiedenen Götter abzubringen und sie zur Anbetung des einzigen Gottes zu bekehren. In seiner ständigen Auseinandersetzung mit den Polytheisten greift Muḥammad immer wieder dieses Thema auf: „Und setzt nicht Gott einen anderen Gott zur Seite. Ich bin euch von Ihm ein deutlicher Warner“ (51,51).

Nur Gott ist der Ewige, der Unvergängliche, bei dem jede Entscheidung über das Schicksal des Menschen liegt und zu dem wir alle unterwegs sind: „Und rufe neben Gott keinen anderen Gott an. Es gibt keinen Gott außer Ihm. Alle Dinge werden untergehen, nur sein Antlitz nicht. Ihm gehört das Urteil, und zu Ihm werdet ihr zurückgebracht“ (28,88).

Die Polytheisten behaupten, daß Gott Kinder, Söhne und Töchter hat (6,100), daß er gezeugt hat (37,152). Der Koran entrüstet sich darüber, daß die Polytheisten Gott Töchter zuschreiben, während sie sich selbst nur Söhne wünschen (37,149; 16,57.62), und weibliche Engel als die Töchter Gottes bezeichnen (37,150; 17,40; vgl. den Vers über die behauptete Verwandtschaft zwischen den Djinn und Gott: 37,158).

Doch Gott ist auf keinen angewiesen, er braucht sich nicht ein Kind zuzulegen, er besitzt die gesamte Schöpfung (10,68), und „alle sind Ihm demütig ergeben“ (2,116).

Gott hat kein Kind gezeugt, er hat keine Gefährtin gehabt (72,3; 6,101). So besteht keine Verwandtschaft zwischen ihm und den Djinn oder den Engeln. Und die Polytheisten sollen damit aufhören, törichte Aussagen zu machen und entsetzliche Vorstellungen zu vertreten. Wenn Gott etwas erschafft, so tut er es nicht durch Zeugung, sondern durch die Allmacht seines schöpferischen Wortes; er braucht nur zu sagen: Sei!, so ist das, was er will (19,35; 2,117).

Die Vorstellung, daß neben Gott andere Götter existieren, ist für den Koran auch deswegen unhaltbar, weil sie zu verschiedenen Widersprüchen führt. Denn die Nebengötter würden nach der Macht und der Herrschaft Gottes trachten (17,42), oder das Kind Gottes müßte als Teilhaber an seiner Herrschaft auftreten (25,2; 17,111). Das aber würde zu einer Konkurrenz zwischen den verschiedenen Göttern führen:

„Gott hat sich kein Kind genommen. Und es gibt keinen Gott neben Ihm, sonst würde jeder Gott das wegnehmen, was er geschaffen hat, und die einen von ihnen würden sich den anderen gegenüber überheblich zeigen. Preis sei Gott, (der erhaben ist) über das, was sie da schildern“ (23,91). Aus solcher Konkurrenz der Götter entspringt für die Schöpfung nur Unheil (21,22).

Gegen christliche Lehren

Der Koran polemisiert nicht pauschal gegen die christliche Lehre, er greift, und dies zunächst einmal in milder Art, dann aber immer schärfer, nur das an, was er die Übertreibung der Christen nennt. In der Beurteilung der Person Jesu Christi stimmt er in vielen Punkten mit der Lehre des christlichen Glaubens überein, lehnt jedoch die Lehre von der Gottheit Christi ab.

Die koranischen Titel Jesu Christi

1. *Jesus ist Prophet und Gesandter Gottes.* Jesus, der Sohn Marias, ist der Knecht Gottes. Als neugeborenes Kind bezeugt er selbst: „Ich bin der Diener Gottes ...“ (19,30), und Gott sagt von ihm: „Er ist nichts als ein Diener“ (43,59). Der Koran stellt seinerseits in der Sicherheit, daß er dabei eine unumstrittene Aussage macht, fest: „Christus wird es sicher nicht aus Widerwillen ablehnen, Diener Gottes zu sein“ (4,172).

Jesus ist ein Diener Gottes, dem besondere Gnade erwiesen wurde (43,59), ein lauterer Junge (19,19), ein Gesegneter (19,31), den Gott „zu einem Beispiel für die Kinder Israels gemacht“ hat (43,59). Er wird sich großen Ansehens erfreuen im Diesseits und im Jenseits, und er wird zu denen zählen, die Gott nahestehen (3,45).

Alle diese Auszeichnungen ergeben sich aus der Sendung Christi, denn Gott hat ihn auserwählt, um ihn zum Propheten zu machen (19,30). Der Koran nennt ihn in einer Liste, auf der nur die Namen der größten Propheten stehen: „Und als Wir von den Propheten ihre Verpflichtung entgegennahmen, und auch von dir und von Noach, Abraham, Mose und Jesus, dem Sohn Marias" (33,7).

Mehr noch als bloßer Prophet, ist Jesus als Religionsstifter von Gott gesandt. Ihm wurde der Auftrag erteilt, zu den Kindern Israels eine Schrift zu tragen: Wie Mose die Tora gebracht hatte und wie später Muḥammad mit dem Koran kam, so sollte Christus das Evangelium verkünden. Seine Lehre, seine religiösen Kenntnisse und vor allem seine Offenbarungsschrift hat er unmittelbar von Gott erhalten. So ist Christus nicht nur ein Prophet, sondern auch ein großer Gesandter Gottes (3,48–49; 4,171; 5,110.111 usw.).

2. *Jesus ist der Messias.* Der Koran läßt die Engel bei der Verkündigung zu Maria sagen: „O Maria, Gott verkündet dir ein Wort von Ihm, dessen Name Christus (der Messias, der Gesalbte) Jesus, der Sohn Marias, ist" (3,45; vgl. zahlreiche andere Verse). Nach den Exegeten wird Jesus der Messias, der Gesalbte, genannt, aus verschiedenen Gründen: – Er wurde mit dem Segen Gottes gesalbt. – Die Salbung bestand darin, daß Gabriel ihn mit seinen Flügeln bedeckte, so daß Satan an ihn nicht herankommen und ihn bei seiner Geburt nicht berühren konnte. – Die Salbung Jesu bedeutet seine Sündenlosigkeit. – Die Salbung ist der Segen, den er in der Nachkommenschaft Adams erhielt, vor allem aber durch seine wunderbare Geburt aus der Jungfrau Maria, was sogleich eine Ausnahme vom Gesetz der menschlichen Zeugung bedeutet. – Jesus wurde mit der Salbe der Propheten gesalbt. – Im aktiven Sinne ist Jesus der Messias, der Salbende, weil er die Kranken und die Blinden salbte und heilte und weil er die Häupter der Waisen salbte als Opfer für Gott.

3. *Jesus Christus ist das Wort Gottes.* Wir haben eben einen Vers zitiert, in dem Jesus als ein Wort von Gott bezeichnet wird (3,45). An einer anderen Stelle sagt der Koran: „Christus Jesus, der Sohn Marias, ist doch nur der Gesandte Gottes und sein Wort, das Er zu Maria hinüberbrachte ..." (4,171).

Die christlichen Apologeten haben immer wieder auf

diese Stellen verwiesen, um daraus zu schließen, der Koran habe die Gottheit Jesu, des ewigen Logos, wenn auch indirekt, anerkannt. Daß ein Echo der christlichen Lehre hier zu hören ist, kann man nicht bezweifeln. Aber es scheint genauso sicher zu sein, daß Muḥammad nur die Vokabel „Wort“ übernommen hat, ohne einen dogmatischen Inhalt damit zu verbinden. Darum muß diese vage Erinnerung an das christliche Dogma nicht sosehr betont und ausgenutzt werden. Der Koran hat an zahlreichen Stellen ausdrücklich verneint, daß Jesus Sohn Gottes sei. Er erhebt sich gegen die Übertreibung der Christen und fordert von ihnen, sie sollen nur die Wahrheit sagen und Jesus, dem Sohn Marias, keine Eigenschaften zuschreiben, die ihm nicht zustehen (4,171). Denn alle Menschen stehen vor Gott wie Sklaven da, das ist die ihnen allen gehörige Haltung: „Niemand in den Himmeln und auf der Erde wird zum Erbarmer anders denn als Diener kommen können“ (19,93).

Alle Argumente, die der Koran den Polytheisten entgegenhält, können hier ebenfalls Anwendung finden: Gott ist auf niemanden angewiesen (10,68; 2,116), und wenn er etwas will, so erschafft er es durch sein schöpferisches Wort (2,117) und nicht durch einen Akt der Zeugung (112,3). So hat er kein Kind und auch keine Gefährtin (72,3; 6,101). Der Koran sagt das auch deutlich in bezug auf Christus: „Es steht Gott nicht an, sich ein Kind zu nehmen. Preis sei Ihm! Wenn Er eine Sache beschlossen hat, sagt Er zu ihr: Sei!, und sie ist“ (19,35).

So verwirft der Koran die christliche Lehre, die Jesus Christus als Gottes Sohn betrachtet. Durch verschiedene zusätzliche Argumente versucht er, den Irrtum dieser Lehre nachzuweisen. Er stellt fest, daß Jesus und Maria, seine Mutter, doch wie normale Sterbliche „pflegten, Speise zu essen“ (5,75). Im übrigen hat Jesus selbst in seiner Botschaft, wie sie der Koran wiedergibt, immer wieder betont: „Und Gott ist mein Herr und euer Herr; so dienet Ihm“ (19,36; 5,72). Das habe er auch selbst vor Gott im Himmel bezeugt, und zwar in feierlicher Form:

5,116–117: Und als Gott sprach: „O Jesus, Sohn Marias, warst du es, der zu den Menschen sagte: ‚Nehmt euch neben Gott mich und meine Mutter zu Göttern?'" Er sagte: „Preis sei Dir! Es steht mir nicht zu, etwas zu sagen, wozu ich kein Recht habe. Hätte ich es gesagt, dann wüßtest Du es … Ich habe ihnen nichts anderes gesagt als das, was Du mir befohlen hast, nämlich: ‚Dienet Gott, meinem Herrn und eurem Herrn' …"

Wenn also die Christen Jesus für Gottes Sohn halten, so weichen sie dem Koran nach von seiner ausdrücklichen Botschaft, die er im Auftrage Gottes unfehlbar den Menschen vermittelt hat, ab. „Es steht keinem Menschen zu, daß Gott ihm das Buch, die Urteilskraft und die Prophetie zukommen läßt und daß er dann zu den Menschen sagt: Seid meine Diener anstelle Gottes" (3,79).

Wenn die Christen auf ihrer falschen Lehre beharren, so sind sie den Ungläubigen gleich:

9,30–31: Und die Christen sagen: „Christus ist Gottes Sohn." Das ist ihre Rede aus ihrem eigenen Munde. Damit reden sie wie die, die vorher ungläubig waren. Gott bekämpfe sie! Wie leicht lassen sie sich doch abwenden! Sie nahmen sich ihre Gelehrten und ihre Mönche zu Herren neben Gott, sowie auch Christus, den Sohn Marias. Dabei wurde ihnen doch nur befohlen, einem einzigen Gott zu dienen. Es gibt keinen Gott außer Ihm. Preis sei Ihm! Erhaben ist Er über das, was sie (Ihm) beigesellen.

Nicht einmal die Rede von Gotteskindschaft im übertragenen Sinne mag der Koran zulassen. So wirft er den Juden und den Christen vor, sie würden Ausdrücke gebrauchen, die unerträglich sind: „Die Juden und die Christen sagen: 'Wir sind die Söhne Gottes und seine Lieblinge.' Sprich: Warum peinigt Er euch dann für eure Sünden? Nein, ihr seid Menschen von denen, die Er erschaffen hat" (5,18).

Christus ist also in keiner Weise Gottes Sohn. Er ist aber ein großer Prophet und ein Gesandter Gottes, der durch eine besondere Gnade ausgezeichnet wurde. Er ist und bleibt in seiner Botschaft, in seinem Leben und in seiner

Person ein Zeichen der Barmherzigkeit Gottes für die Menschen in aller Welt.

Der Koran weist ferner die Lehre von der Trinität zurück, er ermahnt die Christen: „So glaubt an Gott und seine Gesandten. Und sagt nicht: Drei. Hört auf, das ist besser für euch. Gott ist doch ein einziger Gott. Preis sei Ihm, und erhaben ist Er darüber, daß Er ein Kind habe. Er hat, was in den Himmeln und was auf der Erde ist. Und Gott genügt als Sachwalter“ (4,171).

Zur Zurückweisung der christlichen Trinitätslehre, wie sie der Koran verstand, kommt im folgenden Vers noch eine Drohung mit der göttlichen Strafe hinzu: „Ungläubig sind diejenigen, die sagen: ‚Gott ist der Dritte von dreien‘, wo es doch keinen Gott gibt außer einem einzigen Gott. Wenn sie mit dem, was sie sagen, nicht aufhören, so wird diejenigen von ihnen, die ungläubig sind, eine schmerzhafte Pein treffen“ (5,73).

Einheit des Wesens Gottes

Gott ist nicht nur der einzige, er ist auch der eine. Die Frage, wie man die innere Wesenseinheit Gottes auffassen soll, bereitete den Theologen des Islams lange Zeit ernste Schwierigkeiten.

Unter den Aussagen über Gott kann man zwischen solchen unterscheiden, die von Gott verneinen, was mit seinem Wesen unvereinbar ist (das sind die sogenannten negativen Prädikate), und solchen, die Gott bestimmte Eigenschaften zuschreiben (das sind die positiven Prädikate). Die muslimischen Theologen hatten keine besonderen Bedenken gegen die negativen Prädikate anzumelden. So durfte man z. B. erklären, daß Gott ewig, d. h. zeitlos, anfangslos und endlos ist, daß er anders ist als alles Erschaffene, daß er nicht aus Teilen zusammengesetzt ist. Alle diese Prädikate widersprechen ja dem Glauben an die innere Wesenseinheit Gottes nicht.

Anders scheint es bei den positiven Prädikaten zu sein. Der Koran sagt, daß Gott alles weiß, sieht und hört, daß er alles macht, was er will, daß er zu den Propheten redet. Der Koran sagt allgemein: „Gott gehören die schönsten Namen" (7,180; vgl. 59,24).

Über das richtige Verständnis der koranischen Aussagen und das richtige Verhältnis der positiven Prädikate zum Wesen Gottes gab es unter den islamischen theologischen Schulen Meinungsverschiedenheiten. Während die Mu'taziliten jedes positive Prädikat Gottes als eine Gefahr für seine innere Einheit betrachteten, mit dieser Forderung aber in Widerspruch zu etlichen Aussagen des Korans gerieten, waren die A'shariten bemüht, sowohl der inneren Einheit Gottes als auch dem Wortlaut der koranischen Offenbarung gerecht zu werden. Sie verstanden die Eigenschaften, die der Koran Gott zuschreibt, nicht als das Wesen Gottes, sondern als zu diesem hinzukommend.

Noch mehr als die Prädikate, die Gott eine positive Eigenschaft zuschreiben, haben die anthropomorphen Aussagen des Korans der islamischen Theologie schwere Sorgen bereitet: Der Koran spricht nämlich von der Hand (48,10; 51,47), dem Gesicht (55,27), den Augen Gottes (11,37; 52,48; 54,14); er erklärt, daß Gott kommt (89,22), daß er sich auf den Thron gesetzt hat (20,5; 57,4). Diese Aussagen wurden z.T. anthropomorph verstanden, die Mu'taziliten deuteten sie allegorisch, und die Ḥanbaliten wie die Ash'ariten lehnten beide Möglichkeiten ab: Die Haltung des Gläubigen müsse die Annahme der koranischen Aussagen ohne weiteres Fragen nach dem Wie sein.

Die moderne islamische Theologie ist in bezug auf all diese Fragen eher zurückhaltend. Sie verzichtet lieber darauf, Geheimnisse zu erforschen, die den menschlichen Verstand übersteigen, und Überlegungen anzustellen, die zu keinem zufriedenstellenden Ergebnis führen.

Transzendenz Gottes

Schon die Koranstellen, die die absolute Souveränität Gottes und seinen absolut unbedingten Willen betonen, weisen auf seine Transzendenz hin. Der Koran unterstreicht aber auch ausdrücklich diese Transzendenz. Gott ist erhaben. „Die Blicke (der Menschen) erreichen Ihn nicht" (6,103). Auch wenn er sich erkennen läßt, so bleibt er dennoch verborgen (57,3). „Nichts ist Ihm gleich" (42,11).

Gott bleibt der Transzendente, auch wenn er den Menschen eine Offenbarung mitteilt oder zukommen läßt. Soweit besteht Einigkeit unter den theologischen Schulen des Islams. In Frage steht aber die Art und Weise, beides zusammenzudenken.

Die Ḥanbaliten vertreten mit der Lehre vom unerschaffenen Koran zugleich die These, daß dieser Koran wegen seiner Transzendenz dem Menschen in seinem eigentlichen Inhalt unzugänglich bleibt. Die Mu'taziliten gehen nicht so weit. Sie vertreten jedoch eine konsequente negative Theologie und verlangen, daß sich jedes Reden von Gott der göttlichen Transzendenz würdig erweist.

Der große Theologe al-Ash'arī hat eine subtilere und auf Ausgleich bedachte Ansicht entwickelt: Die menschliche Sprache der Offenbarung ist die Grundlage und die Norm des theologischen Redens von Gott. Sie bezieht sich auf die Realität Gottes und kann sie in verständlichen Aussagen zum Ausdruck bringen, da eine gewisse Analogie zwischen Gott und der Welt besteht. Diese Analogie besagt jedoch keine Ähnlichkeit des Menschen mit Gott – die Realität des göttlichen Seins ist aufgrund ihrer Ewigkeit und Unerschaffenheit ganz anders als die menschliche Seinsweise –, sie besagt nur, daß die Sprache der Offenbarung dem Menschen direkt verständlich ist und einen Zugang zur göttlichen Realität und Seinssphäre eröffnet. Denn wenn Gott zu den Menschen spricht, so spricht er so, daß sie es verstehen können und damit sie es verstehen.

Eine bedeutende Abweichung von dieser Theorie befindet sich bei dem großen Theologen der „modernen ash'aritischen Schule", al-Ghazzālī (1058–1111). Sie steht im Zusammenhang mit seiner gesamten Auffassung von der Funktion der Offenbarung[1]. Die Offenbarungssprache ist keine supraempirische Beschreibung Gottes, sie ist vor allem Kundgabe des göttlichen Willens und so die Grundlage der Frömmigkeit und der religiösen Praxis. Im Koran wird Gott nicht erschlossen durch adäquate deskriptive Informationen, sondern nur durch den Erlaß seiner Willensdekrete und Verordnungen. Da aber dieser göttliche Wille als unbedingt, absolut frei in der Festsetzung seiner Gebote und Verbote bleibt, ist keine Schlußfolgerung über seine Natur zuverlässig und zulässig.

So wird der Islam in seinem Wesen bestätigt. Er ist in erster Linie nicht ein Zugang zur Gotteserkenntnis, sondern ein Weg der rechten Praxis für den Menschen – die Religion der Unterwerfung des Menschen unter den unbedingten Willen Gottes.

2. Das Wirken Gottes

Gottes Schöpfung

Erschaffung der Welt

Unzählige Verse des Korans unterstreichen immer wieder, daß Gott der Schöpfer der ganzen Welt, von „Himmel und Erde“ ist (46,3; 29,44). Er hat die Erde in zwei Tagen erschaffen (41,9), die gesamte Welt aber in sechs Tagen, dann hat er sich auf seinem Thron zurechtgesetzt (11,7; 57,4; 7,54; vgl. 50,38), um die Welt zu regieren.

Der Schöpfungsvorgang wird im Koran als ein Akt der Trennung einer festen, „einzigen Masse“ (21,30) geschildert. Deswegen wird auch der Schöpfer als derjenige bezeichnet, der den Himmel und die Erde getrennt (21,30) und somit erschaffen hat (21,56; 14,10; 12,101; 39,46; 42,11; 35,1; 6,14.79). Der Himmel bestand damals aus Rauch (41,11). Gott hat den Himmel zu einer festen Decke (79,28; 21,32) ohne sichtbare Stützen emporgehoben (31,10; 13,2) und als sieben Gewölbe aufgeschichtet (78,12; 71,15; 67,3; 23,17.86; 41,12; 65,12; 2,29). Was die Erde betrifft, so hat sie Gott zu einem festen Boden mit feststehenden Bergen und verschiedenen Wegen gemacht (21,31; 41,10).

Erschaffung des Menschen

Gott ist auch der Schöpfer des Menschen. Er hat ihn aus Erde (18,37; 35,11; 22,5), aus Lehm (23,12), aus einer Tonmasse (32,7) geformt. Der ganze Vorgang, der biblische Vorstellungen aufnimmt, sieht folgendermaßen aus:

15,28–29: Und als dein Herr zu den Engeln sprach: „Ich werde einen Menschen aus einer Trockenmasse, aus einem gestaltbaren schwarzen Schlamm erschaffen.“

Wird Gott hier auch als Gestalter beschrieben, so ist doch die charakteristische Art seines Schaffens die durch sein *schöpferisches Wort:* „Unsere Rede zu einer Sache, wenn Wir sie wollen, ist, zu ihr zu sprechen: Sei!, und sie ist“ (16,48).

Gottes Vorsehung

Die Wirkung der Vorsehung Gottes besteht nach der Auffassung des Korans hauptsächlich in der Erfüllung folgender Aufgaben: die Weiterschöpfung der Welt und des Menschen sichern, das Geschick des Menschen bestimmen, dem Menschen den Lebensunterhalt schenken und endlich ihn im Leben auf die Probe stellen.

Weiterschöpfung

Das Werk der Schöpfung ist nicht ein für allemal in der Urzeit beendet worden. Gott erschafft die Welt und den Menschen immer wieder in jedem Augenblick neu. So wiederholt Gott die Gestaltung des Menschen und seine Ausstattung mit Sinnesorganen und Verstand bei jeder Zeugung, wie er es am Anfang der Schöpfung getan hat. Daß dies als eine neue, ständige Erschaffung verstanden wird, wird durch den wiederholten Gebrauch des Wortes „erschaffen“ z. B. im folgenden Text deutlich: „Und wahrlich, Wir schufen den Menschen aus einem entnommenen Ton. Dann machten Wir ihn zu einem Tropfen in einem festen Aufenthaltsort. Dann schufen Wir den Tropfen zu einem Embryo, und Wir schufen den Embryo zu einem Fötus, und Wir schufen den Fötus zu Knochen. Und Wir bekleideten die Knochen mit Fleisch. Dann ließen Wir ihn als eine weitere Schöpfung entstehen. Gott sei gesegnet, der beste Schöpfer!“ (23,12–14; vgl. 86,5–7; 75,36–39; 35,11; 22,5 usw.).

So entstand die ganze Menschheit durch ständige Weiterschöpfung aus dem ersten Menschen (6,98), aus dem im übrigen auch seine erste Partnerin entstand (39,6; 4,1).

Wenn alles immer wieder neu dem Schöpfungsakt Gottes entspringt, so bedeutet das, daß alles in jedem Augenblick durch den schöpferischen, unbedingten und uneingeschränkten Willen Gottes bestimmt und bedingt wird (Atomismus).

Es folgt aus dieser Sicht der Dinge, daß die Welt keine innere Kontinuität aufweist. Ihre äußerliche Kontinuität ist lediglich die Zusammensetzung unendlich vieler Augenblikke, in denen Gott immer wieder die Welt neu erschafft. Was wir Menschen als eine Kontinuität der Existenz der Welt und eine Bestätigung ihrer Naturgesetze betrachten, ist in Wirklichkeit nur die Reihe der punktuellen und wiederholten Wirkungserscheinungen des freien Schöpferwillens Gottes. So besteht in der Natur keine innere Wahrheit der Dinge. Das Wesen jeder Erscheinung wird von Gott direkt in jedem Augenblick in Zusammenhang mit ihrer Erschaffung neu festgesetzt. Die Merkmale und auch die Ausdrucksformen der Dinge entspringen nicht ihrem Wesen und ihrer eigenen Kausalität, sie sind nur Zusammenhänge, die Gott in voller Verfügungsfreiheit setzt. Was die Dinge sind, wie sie wahrgenommen werden und wie sie aufeinander wirken, auch die sogenannten Naturgesetze, dies alles sind letztlich nur Gewohnheiten des göttlichen Wirkens selbst, das in seinen Bestimmungen absolut frei bleibt. Somit verlieren eigentlich die metaphysischen und die logischen Grundsätze der menschlichen Vernunft ihre universale, innere Gültigkeit. Sie gelten nur, insofern feststellbar ist, daß Gott wieder einmal in diesem Augenblick in seinem freien Wirken so wirkt, wie er es vorher getan hat. Dieser Atomismus erstreckt sich auf alle Bereiche des Seins und des Daseins, er umfaßt alle Ebenen der Welt und des menschlichen Lebens. Er ist die Konsequenz der Bejahung der alleinigen Wirksamkeit Gottes und der Verneinung jeder Kausalität außerhalb seines schöpferischen Tuns (vgl. 8,17; 56,71–72).

Was also den Menschen als Gesetzmäßigkeit der Welt erscheint, ist in Wirklichkeit nichts anderes als die Gewohnheiten Gottes, die nach dem freien Entschluß seines schöpferischen Willens eine gewisse Regelmäßigkeit aufweisen.

Der gleiche Okkasionalismus beherrscht auch das Leben der Menschen. Was diese für eine Kontinuität in der Zeit, für eine Geschichte halten, ist in Wirklichkeit die Reihe der einzelnen Entscheidungen des freien Vorsehungswillens des Schöpfers in bezug auf das Leben und das Geschick eines jeden Menschen.

Allmacht Gottes und Vorherbestimmung

Wie Gott alles in der Welt und im Menschen immer wieder neu erschafft, so bestimmt er in seiner unbegrenzten Allmacht und in seiner absolut freien Verfügung das Schicksal des Menschen. Die uneingeschränkte Allmacht Gottes und sein unbedingter Wille, der als Ursache und Norm jedes Geschehens in der Welt und im Leben ist, kommt in vielen Koranversen zum Ausdruck. Gott kann tun, was er will (11,107; 22,6). Seine Wirkung umfaßt alles, ihr sind keine Grenzen gesetzt.

Lehre des Korans von der Vorherbestimmung

Nun erhebt sich die Frage: Wird alles, auch im Leben des Menschen, vorherbestimmt, oder handelt der Mensch frei? Der Koran gibt auf diese Frage keine eindeutige Antwort.

– Für die Vorherbestimmung (Prädestination) sprechen viele Verse des Korans. Der Wille Gottes ist unbedingt und uneingeschränkt. Gott ist die absolute und alleinige Ursache jedes Geschehens. Unglück, Katastrophen, Schicksalschläge, alles im Leben ist dem Menschen von Gott bestimmt (57,22; 9,51; vgl. 15,60; 25,2; 27,57). Noch mehr: Gott bestimmt die einen zum Unglauben und damit zur Verdammnis, und er bestimmt die anderen zum Glauben und zum Paradies: „Denen, die ungläubig sind, ist es gleich, ob du sie warnst oder ob du sie nicht warnst; sie glauben nicht. Versiegelt hat Gott ihre Herzen und ihr Gehör, und über ihrem Augenlicht liegt eine Hülle. Und bestimmt ist für sie eine gewaltige Pein“ (2,6–7; vgl. 18,57; 32,13–14; 45,23; 6,25). Zahlreiche Stellen des Korans sprechen von der Rechtleitung durch Gott, aber auch von der Irreführung durch ihn: „Gott führt irre, wen Er will, und wen Er will, den bringt Er auf einen geraden Weg“ (6,39; vgl. 16,93; 14,4; 35,8; 7,178; 6,125; 2,26.142); „Wen Gott irreführt, der hat niemanden, der ihn rechtleiten könnte ...“ (7,186; vgl. 18,17; 17,97; 39,23.37; 13,33).

Als Grundsatz für diesen Aspekt der koranischen Lehre kann folgender Vers gelten: „ ... wo doch Gott euch und das, was ihr tut, erschaffen hat“ (37,96).

– Die Willensfreiheit des Menschen bejaht der Koran. Der Mensch darf das Böse, das ihm widerfährt, nicht auf Gott zurückführen. Die Verantwortung dafür liegt bei ihm selbst, entweder weil er dieses Böse tut, oder weil er es als Strafe verdient hat: „Was dich an Gutem trifft, ist von Gott. Und was dich an Schlechtem trifft, ist von dir selbst“ (4,79). Auch für seinen Unglauben ist der Mensch selbst verantwortlich: „Und sprich: Es ist die Wahrheit von eurem Herrn. Wer nun will, möge glauben, und wer will, möge ungläubig sein. Wir haben denen, die Unrecht tun, ein Feuer bereitet, dessen Zeltdecke sie umschließt“ (18,29). Zu diesen Stellen kommen noch alle Verse hinzu, die das Gute gebieten und das Böse verbieten. Denn Gebot und Verbot haben keinen Sinn, wenn nicht vorausgesetzt wird, daß der Mensch sich für das Gute oder das Böse entscheiden kann.

Die Lehre der islamischen Theologie

– Unter dem Einfluß der massiven Erklärungen des Korans in bezug auf die absolute Allmacht Gottes hat die frühislamische Schule der Djabriten (von *djabr*, Zwang) die Meinung vertreten, der Mensch habe keine Freiheit, er habe keinen noch so geringen Anteil an seinen eigenen Handlungen. Gott sei es, der in ihm alle Werke, ob gute oder böse, vollbringe, und zwar von der ersten Entscheidung zum Handeln bis zur Ausführung der Tat.

– Die rationalisierende Schule der Mu'taziliten (seit dem Anfang des 9. Jahrhunderts) schrieben dem Menschen Entscheidungs- und Handlungsfreiheit zu. Die Allmacht Gottes ist es eben, die dem Menschen diese seine Freiheit schenkt. So sind die Handlungen des Menschen in Gottes Vorsehungsplan einbezogen. Wenn dem nicht so wäre, dann würden Gebote und Verbote als der sinnlose Ausdruck einer unverständlichen Willkür erscheinen, und der Koran könnte bei der Vergeltung der menschlichen Werke nicht von der Gerechtigkeit Gottes sprechen.

– Die orthodoxe Lehre des Islams ist darauf bedacht, die Allmacht Gottes ungeschmälert und uneingeschränkt zu bewahren: Alles auf der Welt geschieht durch den allmächtigen Willen Gottes. Alle Werke des Menschen sind also Gottes Werke. Der Mensch hat sich trotzdem für diese Werke zu verantworten. Man muß bei jedem Werk zwei Momente unterscheiden: Das Werk wird von Gott im Menschen erschaffen, weil es Gott von Ewigkeit her gewollt und eingeplant hat; auf der anderen Seite stimmt der Mensch dem in ihm von Gott vollbrachten Werk zu: Diese Zustimmung seines Willens vollzieht die sogenannte „Aneignung“ (*kasb* oder *iktisāb*, siehe 2,281; 52,21), durch die der Mensch das jeweilige Werk zu seinem eigenen macht und so die Verantwortung dafür übernimmt. Die Zustimmung des menschlichen Willens kann aber erst zustande kommen, wenn Gott die entsprechende Kraft (*istiṭā'a*) im Menschen erschafft.

Die weitere Entwicklung der ash'aritischen Lehre hatte auf verschiedene Einwände zu antworten. Was bedeutet diese

Kraft, die eigentlich ohne Wirkung und folglich keine eigentliche Kraft ist? Außerdem, wenn die Aneignung selber auch Werk Gottes ist, so ist die menschliche Zustimmung bloß ein trügerischer Schein; wenn sie aber wirklich der Willensfreiheit des Menschen entspringt, so sind wir einer befriedigenden Lösung des Problems keinen Schritt nähergekommen.

Gott sorgt für das Leben des Menschen

Die Vorsehung Gottes besteht auch darin, für das Leben des Menschen zu sorgen. Gott hat die Welt so ausgestattet, daß sie für den Menschen bewohnbar wird und sein Leben ermöglicht und fördert (17,70).

Die Umsorge Gottes zeigt sich deutlich in der Lebensweise z. B. der Araber im allgemeinen, denn Gott stimmt auf deren Bedürfnisse die Gegebenheiten ihrer Umwelt ab:

16,80–81: Und Gott hat euch aus euren Häusern eine Ruhestätte gemacht, und Er hat euch aus den Häuten des Viehs Behausungen gemacht, die ihr am Tag eures Aufbrechens und am Tag eures Aufenthaltes leicht benutzen könnt, und aus ihrer Wolle, ihren Fellhärchen und ihrem Haar Ausstattung und Nutznießung für eine Weile. Und Gott hat euch aus dem, was Er erschaffen hat, schattenspendende Dinge gemacht. Und Er hat euch aus den Bergen Verstecke gemacht. Und Er hat euch Gewänder gemacht, die euch vor der Hitze schützen, und Gewänder, die euch vor eurer Schlagkraft (gegeneinander) schützen. So vollendet Er seine Gnade an euch, auf daß ihr gottergeben seid.

Gott stellt die Menschen auf die Probe

Wenn Gott in seiner Vorsehung die Menschen auf ihrem Lebensweg begleitet, so will er ihnen nicht nur Gnade erweisen, er will sie auch auf die Probe stellen, und zwar durch Gutes und Böses, Gewinn und Leiden, um festzustellen, wer treu bleibt und wer von ihnen am besten handelt (11,7), d. h. wer glaubt und sein Leben im Glaubensgehorsam führt.

IV

Engel und Dämonen

Die Hauptinhalte des islamischen Glaubens werden im Koran deutlich bestimmt: Der Prophet Muḥammad und die Gläubigen mit ihm glauben „an Gott und seine Engel und seine Bücher und seine Gesandten“ (2,285). Und dieser Grundglaube ist die unentbehrliche Grundlage der echten Frömmigkeit und der aufrichtigen Religiosität (2,177).

1. Die Engel

Dienst der Engel

Die Engel werden im Koran wiederholt als „Diener Gottes“ bezeichnet (43,19; 21,26). Ihr Dienst besteht hauptsächlich in folgenden Aufgaben: „Diejenigen, die bei Ihm sind, weigern sich nicht hochmütig, Ihm zu dienen, und werden darin nicht müde. Sie preisen (Ihn) Nacht und Tag, und sie lassen nicht nach“ (21,19–20; vgl. 2,30; 40,7; 42,5). Dieser Dienst ist eine Ehre für sie (21,26).

Mit der Erlaubnis Gottes dürfen die Engel Fürbitte einlegen und um Barmherzigkeit und Vergebung für die Menschen bitten, und dies vornehmlich am Tage des Gerichtes (42,5; vgl. 53,26; 21,28; 40,7).

Die Engel sind die Diener Gottes, „und nach seinem Befehl handeln sie“ (21,27). Sie sind seine Boten (22,75), die seine Aufträge mit äußerster Eile ausführen (35,1). Eine der wichtigsten Aufgaben, die Gott den Engeln anvertraut, ist die Vermittlung der Offenbarung an die Propheten und Gesandten (16,2). Dieser Dienst wird allgemein als die besondere Aufgabe des Engels Gabriel betrachtet, der auch dem Propheten Muḥammad den Koran gebracht hat (2,97).

Die Engel übernehmen auch den Schutz der Menschen (Schutzengel rechts und links: 50,17–18; vor und hinter dem Menschen: 13,11), die Unterstützung der Gläubigen, vor allem in schwierigen Situationen (siehe 66,4), z. B. im Krieg gegen die Ungläubigen (8,9: 1.000 Engel; 3,124: 3.000 Engel; 3,125: 5.000 Engel). Die Bewachung der Menschen durch die Engel dient vor allem dazu, ihre Werke in Büchern zu verzeichnen, welche dann am Tage des Gerichtes aufgeschlagen werden (vgl. 82,10–12; 50,17–18; 43,80; 6,61).

Die Engel haben auch am Tage des Gerichtes bestimmte Aufgaben zu erfüllen. Acht von ihnen tragen den Thron Gottes (69,17), wenn er zum Gericht erscheint. Die Schutzengel und die Überwacher der Menschen werden die Abrechnungsbücher der Menschen vorbringen und aufschlagen. Endlich werden die Engel das Urteil Gottes ausführen (vgl. 41,30–32; 16,28; 6,61).

Namentlich bekannte Engel und ihre besonderen Aufgaben

Gabriel ist der theologisch bedeutendste Engel, denn er ist es, der den Koran dem Propheten Muḥammad, wie vor ihm die übrigen Schriften den vorherigen Propheten, gebracht hat. Daher haben die Kommentatoren alle Koranstellen, in denen der Überbringer der Offenbarung erwähnt, aber nicht genannt wird, ohne weitere Bedenken auf Gabriel bezogen (z. B. 81,19–25; 53,4–18; 26,193–195: der zuverlässige Geist; 16,102: der heilige Geist).

So ist Gabriel ein edler Gesandter, „der Kraft besitzt und beim Herrn des Thrones hochgestellt ist, dem man gehorcht und der treu ist“ (81,19–21), „der starke Kräfte hat, der Macht besitzt“ (53,5–6). Er kommt dem Propheten Muḥammad im Notfall zu Hilfe (66,4: Gabriel wird hier mit Namen genannt).

Michael (arabisch: Mīkāl) wird in der Sure 2,98 ohne nähere Angaben genannt.

Isrāfīl wird nicht im Koran erwähnt, aber die Volkstradition schreibt ihm die Aufgabe zu, mit einem Posaunenstoß auf dem heiligen Felsen in Jerusalem das Endgericht einzuleiten.

Der Koran spricht aber auch von Engeln, die die Menschen abberufen, d. h. die für den Tod und die Toten zuständig sind (16,28.32–33; 4,97). Für den Volksglauben ist vor allem ein Todesengel (32,11) von besonderer Bedeutung. Der Koran erwähnt nicht seinen Namen, aber die Tradition nennt ihn *'Izrā'īl.* Er holt die Seelen der Menschen von ihrem jeweiligen Körper und beruft sie vom Leben ab.

Theologische Fragen in bezug auf die Engel

Wegen der Spärlichkeit der koranischen Angaben über die Engel stritten die islamischen Theologen miteinander über folgende Fragen:

Natur der Engel

Nach den meisten Theologen sind die Engel sehr feine Körper, so fein, daß sie mit Gottes Erlaubnis in der Lage sind, unter verschiedenen Gestalten zu erscheinen. Der Koran sagt, daß die gefallenen Engel aus Feuer geschaffen worden sind (38,76). Die besseren, treuen Engel sind nach allgemeiner Meinung aus Licht geschaffen worden. Die feine Lichtsubstanz der Engel bewirkt auch, daß sie keine körperlichen Bedürfnisse haben und den irdischen Umständen nicht ausgesetzt sind.

Rangstellung der Engel

Die Philosophen im Islam vertraten die Auffassung, daß die Engel, die als Geister und nicht nur als feinere Körper anzusehen sind, höher stehen als die Propheten. So sind die Engel Lichtwesen, die ein höheres Wissen besitzen und eine tiefere Kenntnis des göttlichen Seinsbereichs haben, die Gott unablässig preisen und ihm nahestehen.

2. Der Teufel und die Dämonen

Der Teufel *(Iblīs)* und seine Anhänger wohnten ursprünglich im Paradies. Der Koran führt ihren Fall aus dem Paradies auf ihren Hochmut und ihren Ungehorsam zurück. Zunächst haben sie sich mit den anderen Engeln gegen die von Gott geplante Erschaffung des Menschen gewandt (2,30). Dann haben sie sich geweigert, dem Befehl Gottes zu gehorchen und vor Adam niederzufallen (20,116; 15,31–32; 38,74–76; 18,50; 17,61; 7,11–12; 2,34). Daraufhin hat Gott die Dämonen aus dem Paradies vertrieben und sie dem Fluch übergeben bis zum Tag des Gerichtes (15,34–35; 38,77–78; 7,13.18). Von nun an sind der Teufel und seine Dämonen damit beschäftigt, den Menschen nachzustellen, sie zu verführen und sie ins Unglück zu stürzen (20,117; 15,39; 38,82; 17,62–64; 34,20–21; 7,15–18). So ist der Teufel der Feind des Menschen (35,6; 2,168).

Über das Wesen des Teufels und seiner Anhänger sind sich die Theologen des Islams nicht einig. Die Schilderung des Falles aus dem Paradies scheint ihn zur Gruppe der Engel zu zählen. Andere Stellen lassen ihn Gott erwidern: „Mich hast Du aus Feuer erschaffen, ihn (den Menschen) hast Du (nur) aus Ton erschaffen“ (38,76; 7,12). Dies weist den Teufel in eine andere Kategorie von Wesen als die Engel. Im übrigen präzisiert der Koran: „Er gehörte zu den Djinn“ (18,50). Ob das ein Hinweis auf seine Natur (die Djinn sind aus Feuer erschaffen worden: 55,15; 15,27) oder nur ein Urteil über sein Verhalten ist, ist unter den Theologen umstritten. In Sure 7,11–18 schildert der Koran in besonders lebendiger Weise den Fall des Teufels und beschreibt seine Haltung den Menschen gegenüber.

3. Die Djinn

Die Djinn sind eine Kategorie von Wesen, die zwischen den Menschen und den Engeln stehen. Sie sind aus Feuerflammen (55,15), „aus dem Feuer der sengenden Glut“ oder des heißen Windes (15,27) erschaffen worden. Sie besitzen eine subtilere Körperlichkeit als die Menschen, aber wie die Menschen pflanzen sie sich fort und sind sterblich, denn der Koran spricht von deren vergangenen Generationen (vgl. 41,25; 7,38; 46,18). Wie die Menschen können die Djinn hören und sind vernunftbegabte Wesen. Sie suchen deshalb auch die Geheimnisse des Himmels zu belauschen (72,8–9; vgl. ähnliche Aussagen über die Dämonen: 37,7–10; 15,18).

Was die Djinn von den Beschlüssen des himmlischen Rates ab und zu mitbekommen, vermitteln sie den Zauberern weiter. Sie selbst besitzen ungewöhnliche Fähigkeiten (vgl. 27,39). Von Bedeutung ist die koranische Aussage über die Geltung der prophetischen Botschaft auch für die Djinn: „Und als Wir eine Schar Djinn veranlaßten, sich dir zuzuwenden und dem Koran zuzuhören. Als sie eingetroffen waren, sagten sie: ‚schweigt und hört zu.‘ Als er (der Vortrag des Korans) zu Ende war, kehrten sie zu ihrem Volk zurück, um sie zu warnen. Sie sagten: ‚O unser Volk, wir haben ein Buch gehört, das nach Mose herabgesandt wurde, zu bestätigen, was vor ihm vorhanden war, und das zur Wahrheit führt und zu einem geraden Weg. O unser Volk, hört auf den Rufer Gottes und glaubt an ihn, so vergibt Er euch etwas von euren Sünden und schützt euch vor einer schmerzhaften Pein‘“ (46,29,31; vgl. 72,1–17). Auch die Djinn sind dem Gericht unterworfen. Die Gläubigen unter ihnen werden belohnt und die Ungläubigen bestraft (46,31; 11,119; 7,38; 6,128.130; 46,32).

V

Propheten und heilige Schriften

Die islamische Theologie unterscheidet nach den Angaben des Korans zwei Typen von Propheten. Die einen sind Mahner und Warner, sie heißen einfach Propheten (*nabīy*). Die anderen bringen zudem eine Schrift, in der die göttlichen Offenbarungen festgehalten werden, sie heißen Gesandte (*rasūl*). Muḥammad ist nach seinen großen Vorgängern in der Prophetengeschichte, Abraham, Mose und Jesus Christus, der Gesandte Gottes schlechthin. Die Botschaft der Propheten ist eine Erinnerung an die Uroffenbarung Gottes an alle Menschen (Er allein ist der Herr: 7,172), eine Mahnung zur Treue zum Urpakt Gottes mit den Menschen (Ihm allein sollen sie dienen: 36,60–61), ein Zeugnis für diese Uroffenbarung und eine Bekräftigung dieses Urpaktes.

1. Rolle der Propheten

Die Propheten, die zu jedem Volk gesandt werden (13,7; 14,4; 35,24), verkünden in ihrer jeweiligen Sprache grundsätzlich die gleiche Botschaft. Die kleinen Unterschiede im Inhalt ihrer Predigt erklären sich aus den konkreten Lebensumständen ihrer Landsleute. Wesentlich bleibt die Aufforderung, an den einen Gott zu glauben und ihm allein zu dienen (16,36; 21,25). Die eine Botschaft der Propheten dient zudem dazu, die ursprüngliche Einheit der Menschen wiederherzustellen (2,213).

Aber die Erfahrung lehrt, daß es ihnen nicht gelingt, Spaltung, Unglaube und Frevel bei den Menschen zu überwinden. Sie stoßen immer wieder auf den Widerstand ihrer Landsleute. Viele Propheten müssen großes Leid erdulden.

Aber Gott greift ein, um seine Getreuen und seine Gläubigen zu retten und die Ungläubigen zu bestrafen (14,9–14).

Der Koran spricht von altarabischen und biblischen Propheten in den Suren 7, 11, 26 (z. B. in Sure 7: Noach, Hūd, Ṣāliḥ, Lot, Shu'ayb; Zusammenfassung und Schlußfolgerung).

2. Große biblische Propheten

Die Höhepunkte der prophetischen Geschichte bilden verständlicherweise die Sendungen jener Propheten, die vor Muḥammad als die Gründer einer bestimmten Religion, besser gesagt: einer bestimmten Gestalt der einen Offenbarungsreligion, gelten.

Abraham

Abraham ist Vorbild für die Menschen (2,124) und Beispiel für die Gläubigen (60,4.6). Gott führte ihn zum Glauben durch ein besonderes Wissen, das innere Licht, das den Weg des Menschen zu Gott deutlich macht (19,43), prüfte ihn (er soll seinen Sohn opfern: 2,124; 37,99–113), verhieß ihm eine begnadete Nachkommenschaft (6,84; 19,49 usw.), gab ihm Offenbarung (2,136), Prophetie (4,136) und Schriftblätter (87,18–19) und erwählte ihn zum Freund (4,125). Abraham hat mit seinem Sohn Ismael das Heiligtum der Ka'ba gegründet (2,125–127) und die Pflichten eines frommen Muslims erfüllt: Glaube, Gebet und Almosen (21,73), Wallfahrt (Weihe, Umlaufprozession, Opfer: 22,26–29), gute Werke (21,73).

Abraham wird im Koran als der erste Muslim bezeichnet, das Vorbild des gottergebenen Gläubigen. Der Koran bekennt sich ausdrücklich zum Glauben und zur Urreligion Abrahams (3,68; 4,125; 6,161; vgl. 16,123). Abraham selbst bittet Gott, seinen Nachkommen den Prophet Muḥammad zu schenken (so die islamische Interpretation: 2,127–129).

Mose und die Tora

Berufung und Sendung Moses im Koran erinnern an die Angaben der Bibel (u. a. 20,10–13). Der Inhalt seiner prophetischen Botschaft ist der gleiche wie der aller anderen Propheten: Glaube an den einen, einzigen Gott und an das Jüngste Gericht sowie die Pflicht, Gott allein zu dienen (20,14–15).

Mose ist auch Verkünder des Tora-Gesetzes (32,23; 6,154); diese Schrift ist in den Augen des Korans Vorbild seiner eigenen Offenbarung (46,12). Da aber die Tora nicht alle dunklen Punkte der Glaubenslehre und der Gesetzgebung erhellt hat, bleibt ein Fortschritt in dieser Richtung möglich. Diesen Fortschritt bringt zunächst einmal das Evangelium Jesu Christi.

Jesus Christus und das Evangelium

Der Koran unterstreicht in seinen Erzählungen den wunderbaren Charakter der Ereignisse, die sich auf die Geburt Jesu und überhaupt auf seine Sendung, sein Wirken, sein Ende und seine eschatologische Rolle beziehen.

Die ausführliche Darstellung der Verkündigung an Maria befindet sich in der Sure 19. Als Kind in der Wiege sprach Jesus vor aller Augen und bestätigte seinen göttlichen Auftrag: „Ich bin der Diener Gottes. Er ließ mir das Buch zukommen und machte mich zu einem Propheten“ (19,30). Der Koran hält mit aller Bestimmtheit an der jungfräulichen Geburt Christi fest (4,156; 21,91; 66,12).

Jesus Christus, der Sohn Marias, ist ein Prophet, von Gott gesandt, das Evangelium zu verkünden. Gott hat ihn mit heiligem Geist gestärkt (2,87.253; 5,110) und beauftragt, den Kindern Israels die Tora zu bestätigen (5,46). Zudem bringt das Evangelium der Barmherzigkeit eine Erleichterung der Bestimmungen des Gesetzes (3,50) und mehr Klarheit über den Glauben und das Gesetz (43,63). Zur Beglaubigung seiner prophetischen Sendung bewirkte Jesus verschiedene Zeichen (u. a. Heilungen und Totenerweckung: 3,48–49; 5,110).

Jesus war, wie auch die anderen Menschen, dem Tod unterworfen, allerdings negiert der orthodoxe Islam Jesu Tod am Kreuz (4,157–158). Gott hat, meinen einige Exegeten, Jesus aus den Händen seiner Feinde errettet, so daß ein anderer an seiner Stelle gekreuzigt wurde. Erst danach ist er gestorben und nach einer sehr kurzen Zeit wieder von den Toten auferweckt und in den Himmel erhoben worden. Andere meinen, daß die Erhebung in den Himmel ohne vorherigen Tod erfolgt sei; Christus werde aber am Ende der Zeit wiederkommen und erst dann sterben.

Obwohl der Koran nicht eindeutig über die Rolle Christi in der Endzeit spricht, verweisen die Kommentatoren in dieser Hinsicht auf einige Koranstellen, die Angaben der Tradition untermauern können. Ob es sich um den Koran oder um Jesus in Sure 43,61 („Und er ist ein Erkennungszeichen für die Stunde [des Gerichts]") handelt, ist umstritten. Nach der Tradition wird Jesus am Ende der Zeit zunächst einmal vom Himmel ins Heilige Land herabkommen. Dort wird er sich als vollkommener Muslim verhalten. Er vernichtet den Antichrist, schafft alles ab, was gesetzwidrig ist und nicht in den Rahmen des strengen orthodoxen Islams hineinpaßt und tötet sogar alle Christen, die sich nicht zum Islam bekehren (vgl. 4,159). Sodann wird Jesus über ein vollkommen geeintes Reich herrschen, als gerechter König regieren und der ganzen Schöpfung einen vierzig Jahre andauernden Frieden schenken.

In der Stunde des Gerichts bestimmt Gott als Weltenrichter in seiner Allmacht, wer für die Menschen Fürsprache einlegen darf. Unter diesen begnadeten Menschen befindet sich Jesus, denn der Koran spricht ihm Ansehen bei Gott im Diesseits und im Jenseits (3,45), d. h. prophetische Sendung auf Erden und Fürsprecherecht am Tage des Gerichts, zu.

So stellt der Koran die Lebensgeschichte Jesu, seine Sendung und seinen prophetischen Auftrag dar. Er erwähnt mit keinem Wort sein Erlösungswerk. Denn die Menschen brauchen nach islamischer Lehre nicht Erlösung, sondern Gottes Barmherzigkeit. Jeder ist Sünder vor Gott und hat auch nur seine eigenen Sünden zu verantworten; auch kann niemand stellvertretend für andere auftreten und ihnen Erlösung bringen: „Jede Seele erwirbt (das Böse) nur zu ihrem eigenen Schaden. Und keine lasttragende (Seele) trägt die Last einer anderen“ (6,164). Jesus Christus ist also (nur) einer der größten Propheten der Geschichte, ein Prophet, den Gott mit einer besonderen Gnade und einer wunderbaren Auserwählung beschenkt hat.

VI

Tod, Auferstehung und Gericht

Der Glaube an den Jüngsten Tag ist einer der wichtigsten Sätze der islamischen Religion (vgl. 2,177). In unzähligen Versen verbindet der Koran den Glauben an den Jüngsten Tag mit dem Glauben an Gott (u. a. 2,8.126.232; 3,114; 4,162; 58,22). Denn Gott ist der Herr des Gerichtes (1,4).

1. Der Tod

Der Tod ist das unentrinnbare Schicksal aller Menschen, auch der Propheten: „Und Wir haben für keinen Menschen vor dir bestimmt, ewig zu leben ... Jeder wird den Tod erleiden" (21,34–35; vgl. 3,185).

Beim Tod sind der Todesengel 'Izrā'īl oder die anderen Engel, die für die Abberufung der Seele zuständig sind, anwesend (32,11; 16,28.32–33; 4,97). Sie nehmen die Seele in Empfang. Nach der Tradition führt der Todesengel die Seele zum Himmel. Wenn sie zu den Gerechten gehört, erfährt sie im Himmel, daß Gott ihr ihre Sünden vergeben hat und sie für das Paradies bestimmt hat; dann kehrt sie nach diesem Einzelgericht zum Körper zurück, mit dem sie in ihrem Erdenleben vereint war. Wenn aber die Seele zu den Verdammten zählt, wird sie schon vor dem Himmelstor abgewiesen und auf die Erde zurückgestoßen. Enthält folgender Koranvers eine Anspielung auf dieses Zwischengericht?: „Sprich: Der Tod, vor dem ihr flieht, wird euch erreichen. Dann werdet ihr zu dem, der das Unsichtbare und das Offenbare kennt, zurückgebracht, und Er wird euch kundtun, was ihr zu tun pflegtet" (62,8).

Verhör im Grab

Das Verhör im Grab ist das Gegenstück des Zwischengerichts im Himmel, das im Anschluß an den Tod erfolgt; es ist vielleicht auch nur die Präzisierung der diesbezüglichen Traditionsangaben. Das Verhör übernehmen bestimmte Engel: Munkar und Nakīr für die Verdammten und Mubashshar und Bashīr für die Gerechten (siehe oben S. 139). Die Fragen, die die Engel dem Verstorbenen vorlegen, sind folgende: Wer ist dein Gott? – Wer ist dein Prophet? – Welches ist deine Religion? – Welches ist deine Gebetsrichtung? Wenn der Verstorbene die richtigen Antworten kennt (Gott – Muḥammad – der Islam – Mekka), dann wird er getröstet, und er hört die Verheißung des Paradieses (vgl. 41,30; 16,32). Wenn er aber falsche Antworten gibt, dann wird er schon im Grab gepeinigt, als Vorgeschmack für die ihm bestimmte Qual in der Hölle (vgl. 47,27; 8,50).

Nach diesem kleinen Gericht bleibt die Seele an einem Ort bewahrt, nicht zum Zweck der Läuterung, sondern in Erwartung des Jüngsten Gerichts. Ihr Zustand in dieser Wartezeit scheint der des trunkenen Schlafes zu sein. Denn der Koran sagt: „Und am Tag, da Er sie versammelt, als hätten sie nur eine Stunde vom Tag verweilt ..." (10,45; vgl. 30,55; – 79,46: „als hätten sie nur einen Abend verweilt oder den Morgen darauf"; 20,103–104: zehn Tage im Grab).

Endzeitliche Katastrophe

Die „große, alles überwältigende Katastrophe" (79,34) leitet das schaurige Schauspiel des Endgerichtes ein. Ein gewaltiger Posaunenstoß wird die alte Weltordnung ins Wanken bringen (69,13; 74,8; 20,102; 23,101; 27,87; 18,99). Eine große Angst wird Himmel und Erde ergreifen (27,87). Die Erde bebt (56,4; 73,14; 22,1), die Berge wanken (81,3; 52,10; 27,88), sie werden zerbröckeln und zu Staub (56,5; 20,105), zu zerzauster Wolle (70,9) und zu ebener Fläche (20,106–107) gemacht. Der Himmel bebt (52,9), bekommt Spalten

(69,16; 77,8; 55,37). Die Sterne erlöschen (77,8) und stürzen (81,2). Die Sonne wird zusammengefaltet (81,1); der Mond spaltet sich (54,1), er verfinstert sich und wird mit der Sonne vereinigt (75,8–9). Der Himmel gerät endgültig ins Wanken (52,9) und wird zusammengerollt (21,104).

Vor diesen schauderbaren Erscheinungen zergehen die Menschen vor Angst: „O ihr Menschen, fürchtet euren Herrn. Das Beben der Stunde ist eine gewaltige Sache. Am Tag, da ihr es seht, wird jede Stillende aus Entsetzen übersehen, was sie eben gestillt hat, und jede Schwangere wird mit dem niederkommen, was sie trägt. Und du siehst die Menschen trunken, obwohl sie nicht betrunken sind. Aber die Pein Gottes ist hart“ (22,1–2).

Die kosmischen Erscheinungen, die das Endgericht ankündigen, werden im Koran an vielen Stellen in eindringlicher Weise geschildert, vor allem in den Suren der mekkanischen Periode. Muster solcher Schilderungen sind folgende Texte: Suren 82,1–5; 81,1–14; 69,13–51; 77,7–14; 75,1–13.

2. Allgemeine Auferstehung

An vielen Stellen spricht der Koran vom Tag der Auferstehung: „Gott, es gibt keinen Gott außer Ihm. Er wird euch sicher zu dem Tag der Auferstehung versammeln, an dem kein Zweifel möglich ist. Und wer ist wahrhaftiger als Gott in seinen Aussagen?“ (4,87; vgl. u. a. 23,15–16; 6,12.36.38; 2,113; 3,9.25 …).

Die Polytheisten meldeten Bedenken an gegen die Drohung mit dem Tag der Auferstehung. Sie zweifelten an der Wahrheit dieser Botschaft (23,81–83; 27,66–69). Die verschiedenen Einwände und die Haltung der Ungläubigen werden im folgenden Korantext zum Ausdruck gebracht: „ … Verspricht er euch wirklich, daß ihr, wenn ihr gestorben und zu Staub und Knochen geworden seid, wieder hervorgebracht werdet? Weit, weit gefehlt ist das, was euch versprochen wird. Es gibt nur unser diesseitiges Leben: Wir sterben, und wir leben (hier), und wir werden nicht auferweckt. Er ist nur ein Mann, der eine Lüge gegen Gott erdichtet hat. Und wir glauben ihm nicht" (23,35–38).

Stellungnahme des Korans

Der Koran bestätigt in zahlreichen Versen, daß die Auferstehung erfolgen wird (außer den oben angegebenen Stellen zum „Tag der Auferstehung": 16,38; 10,60; 3,185; 4,87; 22,7). Denn Gott wird seine Drohung (14,47) bzw. seine Verheißung (21,104) erfüllen. Die Auferstehung, die Gott verkündet, ist möglich, denn Gott ist ja der allmächtige Schöpfer, der alles ins Dasein gerufen hat; er ist der Herr über Leben und Tod (17,98–99; 23,78–80; 31,28). „Und das ist für Ihn noch leichter" (30,27).

„Sprich: Wieder lebendig macht sie der, der sie das erste Mal hat entstehen lassen. Und Er weiß über alle Geschöpfe Bescheid ... Hat nicht der, der die Himmel und die Erde erschaffen hat, auch Macht, ihresgleichen zu erschaffen? Ja doch. Und Er ist der, der alles erschafft und Bescheid weiß. Sein Befehl, wenn Er etwas will, ist, dazu nur zu sagen: Sei!, und es ist. Preis sei dem, in dessen Hand die Herrschaft über alle Dinge ist und zu dem ihr zurückgebracht werdet!" (36,79.81–83; vgl. 17,49–52; 21,104).

Daß Gott ein neues Leben immer wieder erweckt, zeigt sich deutlich in der Natur. Der Regen gibt der ausgedorrten Erde neues Leben und neue Fruchtbarkeit. „ ... Der sie wieder belebt, wird die Toten wieder lebendig machen" (41,39); „so ist es auch mit der Auferstehung" (35,9; vgl. 43,11; 30,19.50; 7,57; 22,5–6). Desgleichen ist die ständige Schöpfung der Menschen durch die Zeugung ein Hinweis auf die Allmacht Gottes, der auch die Toten zu neuem Leben erwecken kann (22,5–6).

Wann kommen die Auferstehung und das Gericht?

Die Ungläubigen fordern Muḥammad heraus und fragen: „Wann wird diese Androhung eintreffen ...?" (67,25; 79,42; 10,48).

Der Prophet beansprucht kein besonderes Wissen in dieser Frage. Grundsätzlich stehen alle Termine für die angedrohte Abrechnung bei Gott selbst (79,42–44). Er allein weiß Bescheid über die Stunde (67,26). Aber Muḥammad stand unter dem starken Erlebnis des nahen Gerichts: „Die nahende Stunde (des Gerichts) steht bevor. Niemand außer Gott kann sie beheben" (53,57–58; vgl. 78,40; 70,1–2.6–7; 54,1). Es scheint so, daß mit der Zeit die Naherwartung des Gerichts sich abgeschwächt hat. Immer stärker tritt die Vorstellung in den Vordergrund, daß Gott den Menschen eine Frist gesetzt hat (11,104; 10,49). Wie lang diese Frist sein wird, steht in der Entscheidung Gottes (31,34; 7,187).

Als eine Art Vorankündigung des Endgerichts gilt in der islamischen Tradition die eschatologische Rolle, die Jesus Christus zugedacht wird. Desgleichen gehört in die Kategorie der Ereignisse, die das Ende der Welt ankündigen, das Ausbrechen von Gog und Magog (Ya'djūdj und Ma'djūdj) aus ihrem durch Schuttwall gezäunten Gebiet. Denn zur Stunde des Gerichtes wird Gott diesen Wall „zu Staub" zerfallen lassen (18,98; die ganze Teillegende: 18,93–98).

Das Gericht

Der *Richter* ist Gott allein. Seine Erscheinung im Himmel auf seinem Thron, der von acht Engeln getragen wird (69,17; vgl. 2,210), wird den Menschen den Ernst der Stunde und ihren schauderhaften Charakter noch deutlicher machen. Gott ist der gerechte Richter, der dann einem jeden den Lohn geben wird, den er verdient. Der Koran wiederholt, daß keinem Unrecht getan werden wird (36,54; 21,47; 17,71; 16,111; 39,69); sondern „dann wird jeder Seele voll zurückerstattet, was sie erworben hat. Und ihnen wird nicht Unrecht getan" (2,281).

Die verschiedenen Propheten treten als Zeugen gegen ihre jeweiligen Völker auf (vgl. 16,84.89; 10,47; Jesus ist Zeuge über die Juden und die Christen: 4,159). Mit Gottes Erlaubnis können auch die Engel für die Menschen bitten (78,38; 53,26; 21,28; 40,7). Nach islamischer Tradition wird

Muḥammad die Erlaubnis erhalten, eine wirksame Fürsprache für die Muslime einzulegen und sie damit in großen Scharen ins Paradies zu führen.

Zur Beurteilung der Menschen werden ihr Glaube und ihre Werke berücksichtigt, denn „ein jeder haftet für das, was er erworben hat“ (74,38). Um festzustellen, ob einer den Glauben angenommen und was er in seinem Erdenleben getan hat, werden folgende Mittel angewandt:

– Die Bücher, in denen die Taten der Menschen aufgezeichnet sind, werden aufgeschlagen (82,10–12; 81,10; 83,7–9.18–21; 18,49; 17,13; 10,61; 34,3; 45,28–29: Aufzeichnung der Handlungen der verschiedenen Gemeinschaften).

– Eine Himmelswaage dient der gerechten Feststellung von den guten und den bösen Werken der Menschen: „Wer dann schwere Waagschalen (durch seine guten Werke) hat, der wird ein zufriedenes Leben haben. Und wer leichte Waagschalen hat, der wird zur Mutter einen Abgrund haben“ (101,6–9; vgl. 23,102–103; 7,8–9).

– Der Koran sagt, daß Gott den Engeln befehlen wird, die Menschen zu sammeln und „sie zum Weg der Hölle“ (37,23) zu führen. Die Tradition stellt sich diesen Weg als eine äußerst schmale Brücke über dem Höllenabgrund vor. Sie ist dünn und scharf wie ein Haar. Die Ungläubigen stürzen beim Überqueren der Brücke in die Hölle, die Gläubigen dagegen schreiten hinüber mit unvorstellbarer Geschwindigkeit, wie ein Blitz oder ein sehr schnelles Pferd, und gelangen ins Paradies.

Urteil und Vergeltung

Das endgültige Urteil wird von Gott gefällt, der alles über die Menschen weiß (58,7). Nach seinem Urteil und seiner Entscheidung werden die Menschen sortiert (vgl. 77,13; 44,40), die einen sind die Geretteten und gehören zu der Gruppe auf der rechten Seite (56,8.27.38,90.91; 74,39; 90,18), die Verdammten gehören zu der Gruppe auf der linken Seite (56,41).

Neutraler Ort
Der Koran erwähnt nach der Deutung vieler Kommentatoren einen neutralen Aufenthaltsort zwischen Paradies und Hölle, die A'rāf (Bergkamm): „Und zwischen ihnen ist ein Vorhang. Und auf dem Bergkamm sind Männer, die jeden an seinem Merkmal erkennen. Sie rufen den Gefährten des Paradieses zu: ‚Friede sei über euch!' Sie selbst aber sind nicht hineingegangen, obwohl sie es begehren. Und wenn ihre Blicke sich den Gefährten des Feuers zuwenden, sagen sie: ‚Unser Herr, stelle uns nicht zu den Leuten, die Unrecht tun.'" (7,46–47).

Dieser Bergkamm ist keine Dauerwohnstatt, sondern dort wohnen vorläufig Gläubige, deren gute und böse Taten sich ausgleichen. Im Endeffekt werden sie, weil sie gläubig gewesen sind, doch ins Paradies eingelassen.

Die Hölle
Grund zur Verdammung der Menschen sind ihr Unglaube und ihre bösen Werke. Unter den vielen Versen, die dies bestätigen, seien nur folgende zitiert.

– Unglaube: „So vergelten Wir dem, der maßlos ist und nicht an die Zeichen seines Herrn glaubt. Die Pein des Jenseits ist ja härter und nachhaltiger" (20,127; vgl. 52,11; 40,69–70; 35,36; 7,36.40; 2,23–24; 3,12.106; 4,56; 22,19).

– Böse Taten: „Und wer Böses im Gewicht eines Stäubchens tut, wird es sehen" (99,8; vgl. 104,1–9; 79,34–39; 74,43–48; 2,81).

Die Pein der Verdammten in der Hölle dauert ewig (43,74–77; 41,28; 11,106–107; 6,128; 2,81; 3,24; 33,64–65). Der Koran malt in drastischen Bildern die verschiedenen Qualen der Hölle. Die Verdammten beschimpfen sich gegenseitig (38,55–64). Sie essen von einem Qualenbaum und trinken „eine Mischung von heißem Wasser" (37,62–67; 44,43–50). „(Sie werden es zu wissen bekommen) wenn die Fesseln und die Ketten an ihrem Hals angebracht werden und sie hineingezerrt werden ins heiße Wasser und dann ins Feuer als Brennstoff geworfen werden" (40,71–72; vgl. 32,20; 9,35).

Das Paradies

Grund der Belohnung der Menschen im Paradies sind ihr Glaube und ihre guten Taten. In unzähligen Versen wiederholt der Koran, daß die Belohnung bei Gott für diejenigen bereitsteht, die glauben und das Gute tun (unter vielen anderen Versen 84,25; 20,75–76; 29,58; 31,8–9; 2,25; 22,14.23.50).

Trotz der wiederholten Verbindung von Glauben und guten Werken und trotz der ausführlichen Darstellung der hier gemeinten guten Werke bleibt, nach der islamischen Tradition, der Glaube das Hauptkriterium zur Begründung des endgültigen Urteils über die Menschen. Denn ein Gläubiger, der böse ist, wird zwar zur Hölle verdammt, wegen seines Glaubens aber wird er die Qual der Hölle nur für eine bestimmte Zeit erleiden. Der Prophet Muḥammad legt für ihn Fürsprache ein, und er wird im Endeffekt doch noch ins Paradies eingelassen.

Wie die Qual der Hölle ist die Wonne des Paradieses ewig (11,108). Der Koran schildert in prachtvollen Bildern die unsagbaren Wonnen des Paradieses, das ungetrübte Glück im wunderbaren Garten Gottes mit seinen Flüssen von Wasser, Milch, Wein und Honig (14,23; 47,15), mit seinem Überfluß an Früchten und an allem, was dem leiblichen Wohl dient (36,55–57; 43,69–73; 18,31), mit seinem Frieden und seinem Glück (15,45–50), mit dem geschlechtlichen Verkehr mit den Paradiesjungfrauen (Ḥūrī: 52,20; 56,22.35–37; 55,56.58; 37,48–49; 38,52; 44,54; 2,25; 3,15). Auch die gläubigen Frauen nehmen an diesen Wonnen teil und finden im Paradies den Ausdruck des Wohlwollens Gottes (36,56; 13,23; 57,12; 33,35.73; 48,5; 9,72; 16,97; 4,124).

Die Insassen des Paradieses haben auch die Möglichkeit, zu Gott hinzuschauen: „An jenem Tag gibt es strahlende Gesichter, die zu ihrem Herrn schauen" (75,22–23). Da der Koran aber feststellt, „die Blicke erreichen Ihn nicht" (6,103), lehnen die Mu'taziliten die Möglichkeit der Anschauung Gottes ab. Die Ash'ariten sehen im Gegenteil gerade in dieser Anschauung Gottes die höchste Glückseligkeit, die „den gläubigen Männern und Frauen" verheißen wurde (9,72), „das Beste und noch mehr“ an Lohn, das sie erhalten werden (10,26). Die Anschauung Gottes ist jedoch nicht eine ständig gegebene Möglichkeit für alle Gläubigen. Sie ist nur in den Augenblicken möglich, die Gott selbst bestimmt, und für die gläubigen Männer und Frauen, die er dafür auserwählt.

VII

Die religiösen Pflichten der Muslime

Die religiösen Pflichten sind das Kernstück des koranischen Gesetzes und die Hauptstützen des Islams. Es sind dies das Glaubensbekenntnis, das Gebet, das Fasten, die Almosensteuer und die Wallfahrt nach Mekka.

1. Das Glaubensbekenntnis

Auf die Offenbarung Gottes antwortet der Mensch mit dem Glauben an Gott und an die göttliche Botschaft und mit dem Bekenntnis dieses Glaubens.

Wege zum Glauben

Der Glaube ist die Grundhaltung des Muslims. Der Koran empfiehlt drei Hauptwege, um leichter zum Glauben zu finden. Der eine Weg ist der der Betrachtung der Gegenwart, des Lebens des Menschen in seiner Umwelt; er führt durch die Zeichen der Schöpfung zum Glauben an den Schöpfer (41,37, 45,3–5; 30,17–25; 6,99; 13,2–3; 2,163–165; 3,190; 24,43–45), der seine Schöpfung erhält und versorgt, der den Menschen leitet und lenkt und der ihn für seinen Glauben belohnt und für seine Verstockung bestraft.

Der zweite Weg zum Glauben führt über die Betrachtung der Zeugnisse der Vergangenheit und die Erinnerung an das Schicksal der früheren Generationen der Ungläubigen, deren Gedächtnis Gott getilgt hat und deren schwere Strafe in den von ihnen hinterlassenen Spuren noch deutlich erkennbar ist: „Sind sie denn nicht auf der Erde umhergegangen und haben geschaut, wie das Ende derer war, die vor ihnen lebten? Sie hatten eine stärkere Kraft und hinterließen mehr Spuren auf der Erde als sie. Da ergriff sie Gott wegen ihrer Sünden. Und es gab für sie niemanden, der sie vor Gott hätte schützen können“ (40,21; vgl. unter vielen anderen 40,82; 36,31; 23,30; 27,51–52.69; 41,15; 30,9.42; 28,78; 22,46; 47,10).

Der dritte Weg beruft sich auf die Erfüllung der Drohungen und der Verheißungen Gottes in der Zukunft. Dann aber ist es zu spät für die Ungläubigen (10,102).

Der Glaube ist die Mitte des Islams. Er bedingt alles andere und verleiht den Werken des Menschen erst ihren Wert. Der Unglaube beraubt sogar die guten Werke ihrer religiösen Qualität und macht sie hinfällig und im Endeffekt wertlos (7,147; 2,217; 33,19). Gott läßt die Werke der Ungläubigen, die die Menschen vom Wege Gottes abhalten, fehlgehen (47,1); er nimmt die Spenden der Ungläubigen nicht an (9,54), und wenn sie in ihrem Unglauben sterben, wird er ihnen nicht vergeben (47,34).

Der Abfall vom Glauben wird im Koran als die schwerste Sünde betrachtet. In bewegten Sätzen brandmarkt der Prophet diejenigen, „die ungläubig geworden sind, nachdem sie gläubig waren … Die Vergeltung für sie ist, daß der Fluch Gottes und der Engel und der Menschen allesamt über sie kommt. Sie werden darin ewig weilen … Von denen, die, nachdem sie gläubig waren, ungläubig werden und an Unglauben zunehmen, wird ihre Reue nicht angenommen werden. Das sind die, die irregehen. Von denen, die ungläubig geworden sind und als Ungläubige sterben – nicht die Erde voll Gold würde von einem von ihnen angenommen, auch wenn er sich damit loskaufen wollte … und sie werden keine Helfer haben“ vor der Strafe Gottes (3,86–91).

Für den Abfall vom Glauben sieht die Tradition die Todesstrafe vor. Auch wenn in der Gesetzgebung mancher Staaten diese Strafe nicht bestätigt worden ist, so muß der Abtrünnige in vielen Gesellschaften mit Gefängnis, Verbannung oder gar Strafmord rechnen.

Das Glaubensbekenntnis (shahāda)
Zum Wesen des islamischen Glaubens gehört es, daß er ein Zeugnis *(shahāda)* ist, ein Zeugnis für die Wahrheit Gottes und seiner Botschaft, die er durch seine Gesandten den Menschen kundgetan hat. So wie die Menschen auf die Uroffenbarung durch das Zeugnis ihres Glaubens anworteten („Jawohl, wir bezeugen es“: 7,172), so bezeugt der Muslim erneut und immer wieder die Einzigkeit Gottes und die Wahrheit der prophetischen Botschaft. Daher lautet das islamische Glaubensbekenntnis: „Ich bezeuge, es gibt keinen Gott außer Gott, und Muḥammad ist der Gesandte Gottes.“ Weiterhin glaubt der Muslim an die Engel, die Propheten, die heiligen Schriften, an das Jüngste Gericht und die Lenkung des menschlichen Lebens durch Gott.

Das Aussprechen der Zeugnisformel ist die erste und zentrale Pflicht des Muslims. Denn erst durch dieses Zeugnis wird deutlich und offensichtlich, daß er sich zum Islam bekennt; so erst bestätigt er seine Treue zu Gott, und von nun an darf er hoffen, daß Gott ihm seinen Glauben im Diesseits und im Jenseits zugute hält.

2. *Das Gebet*

Der Islam kennt zwei Arten des Gebets: das rituelle *(ṣalāt)* und das private Gebet *(du'ā')*. Das Gebet bringt die Anerkennung der Souveränität Gottes und der Ergebung des Menschen in seinen Willen zum Ausdruck.

Zum vorschriftsmäßigen Vollzug des rituellen Gebets sind alle erwachsenen Muslime, Männer und Frauen, verpflichtet. Die Kinder sollen nach Vollendung des 7. Lebensjahres zum Gebet angeleitet und angehalten werden. Befreit von dieser Pflicht sind Kranke, Altersschwache und Geisteskranke. Der Reisende darf das Gebet in verkürzter Form verrichten (vgl. 4,101).

Zum Gebet ruft der Gebetsrufer (*mu'adhdhin*, Muezzin) die Gläubigen fünfmal täglich: zur Morgendämmerung, zur

Mittagszeit, am Nachmittag, am Abend und in der Nacht (vgl. 20,130; 30,17–18).

Allgemeine Vorschriften

Vorbedingung für ein gültiges Gebet ist zunächst einmal die rituelle Reinheit, die man durch Waschungen erlangt. Wann und wie man sich waschen muß, wird in den Gesetzbüchern ausführlich beschrieben. Diese berufen sich auf den Korantext: „O ihr, die ihr glaubt, wenn ihr euch zum Gebet hinstellt, so wascht (vorher) euer Gesicht und eure Hände bis zu den Ellbogen und streicht euch über den Kopf, und (wascht) eure Füße bis zu den Knöcheln. Und wenn ihr sexuell verunreinigt seid, dann reinigt euch. Und wenn ihr krank oder auf Reisen seid, oder wenn einer von euch vom Abort kommt, oder wenn ihr die Frauen berührt habt und ihr kein Wasser findet, dann sucht einen sauberen Boden und streicht euch davon über das Gesicht und die Hände. Gott will euch keine Bedrängnis auferlegen, sondern Er will euch rein machen und seine Gnade an euch vollenden, auf daß ihr dankbar seid" (5,6; vgl. 4,43). So gibt es eine Ganzwaschung *(ghusl)* und eine Teilwaschung *(wuḍū')*.

Der Beter muß eine rituell erlaubte Kleidung tragen, die jede kultische Unreinheit ausschließt und im übrigen jeden sinnlichen Anreiz vermeidet.

Eine weitere Vorbedingung ist der rituell zulässige Ort: eine Moschee, ein durch einen Teppich, ein Kleidungsstück oder gar ein Stück Zeitung zum kultischen Ort gewandelter Platz. Dieser kultische Ort darf nicht verunreinigt werden, deswegen ziehen die Menschen beim Betreten der Moschee bzw. anderer Gebetsorte ihre Schuhe aus.

Der Gläubige muß endlich das Gebet mit Blickrichtung nach Mekka verrichten. Diese Blickrichtung *(qibla)* wird in der Moschee durch eine besondere Gebetsnische *(miḥrāb)* angezeigt und dient dazu, die Muslime von den Juden und den Christen zu unterscheiden (2,144–145.149–150). Sie dient vor allem dazu, die Gläubigen mit dem Ursprungsort und dem Mittelpunkt des Islams zu verbinden.

Die Struktur des Gebets
Die Einleitung umfaßt die Formulierung der Absicht und die Herstellung des vorläufigen Weihezustandes durch das Aussprechen der Formel: „Gott ist größer.“ Der Weihezustand bedeutet, daß man nunmehr keine Handlungen vollziehen darf, die das Gebet unterbrechen könnten, z. B. essen, trinken, sich unterhalten, lachen ...

Das Gebet selbst besteht aus der Rezitation von Koranversen und anderen Sätzen. Der Beter nimmt dabei bestimmte Körperhaltungen ein: aufrecht stehen, sich verneigen, knien und die Stirn auf die Erde legen, knien und dabei halb sitzen. Einer der am häufigsten rezitierten Korantexte ist die Eröffnungssure:

1,1–7: Im Namen Gottes, des Erbarmers, des Barmherzigen. Lob sei Gott, dem Herrn der Welten, dem Erbarmer, dem Barmherzigen, der Verfügungsgewalt besitzt über den Tag des Gerichtes! Dir dienen wir, und Dich bitten wir um Hilfe. Führe uns den geraden Weg, den Weg derer, die Du begnadet hast, die nicht dem Zorn verfallen und nicht irregehen.

Je nach der Tageszeit wird dieser Teil des Gebets zwei-, drei- oder viermal wiederholt. Das Gebet schließt mit dem Glaubensbekenntnis, dem Segensspruch über den Propheten Muḥammad und dem Gruß nach rechts und nach links.

Obwohl die vorgeschriebenen Gebete, die ja zur selben Zeit von allen Mitgliedern einer Gemeinschaft verrichtet werden, als Ausdruck der Zusammengehörigkeit der Gläubigen betrachtet werden, so findet jedoch das ausdrückliche *Gemeinschaftsgebet* einmal in der Woche, freitags mittags, in der Moschee statt. Es wird durch eine feierliche Koranrezitation eröffnet. Dann folgt das Gebet, das der einzelne Gläubige für sich, aber in Verbindung mit den anderen, verrichtet. Um den gemeinschaftlichen Charakter dieses Freitagsgebetes zu verdeutlichen, stehen die Muslime in Reihen dicht nebeneinander. Der Vorbeter (Imām) vollzieht die kultisch richtigen und gültigen Handlungen, und die Gemeinde macht es ihm nach.

Anläßlich des Gebetes am Freitag findet vor oder nach dem Gebet auch eine Ansprache statt. Der Prediger kann jedes Thema behandeln, das das Leben und die verschiedenen Anliegen der Gemeinde oder allgemein der islamischen Welt betrifft. So werden religiöse, soziale, aktuelle politische Probleme erörtert. Zudem werden Ermahnungen an die Gläubigen ausgesprochen. Das Vorbeten und das Predigen sind zwar zwei verschiedene Funktionen, sie können jedoch von derselben Person übernommen werden, wenn diese die nötigen Voraussetzungen dazu mitbringt.

Am Freitagsgebet dürfen die Frauen teilnehmen, jedoch nicht im großen Raum der Moschee, sondern z. B. auf der Empore. Die Männer haben die Pflicht, daran teilzunehmen, wenn sie es ermöglichen können. Dennoch ist der Freitag nach der koranischen Lehre kein Feiertag, und man kann grundsätzlich seiner Arbeit vor und nach dem Gebet nachgehen: „O ihr, die ihr glaubt, wenn am Freitag zum Gebet gerufen wird, dann eilt zum Gedenken Gottes und laßt das Kaufgeschäft ruhen. Das ist besser für euch, so ihr Bescheid wißt. Wenn das Gebet beendet ist, dann breitet euch im Land aus und strebt nach etwas von der Huld Gottes" (62,9–10).

Außer dem gesetzlich vorgeschriebenen Gebet empfiehlt der Islam, sich an Gott zu wenden, um bei ihm Rechtleitung und Hilfe in den mannigfaltigen Situationen des Lebens zu suchen. Denn so wie das gesetzliche Gebet den Menschen vom Bösen ablenkt (29,45) und seine schlechten Werke tilgt (11,114), so findet das private Gebet bei Gott Erhörung (2,186).

Als Beispiel unter den vielen schönen und ergreifenden Gebeten des Korans sei ein Teil des letzten Verses der Sure 2 zitiert: „Unser Herr, belange uns nicht, wenn wir vergessen oder sündigen. Unser Herr, lege auf uns keine Last, wie Du sie auf die gelegt hast, die vor uns lebten. Unser Herr, lade uns nichts auf, wozu wir keine Kraft haben. Verzeihe uns, vergib uns und erbarme dich unser. Du bist unser Schutzherr ..." (2,286).

3. Das Fasten

Das islamische Fastengebot und die Vorschriften, die seinen rituellen Vollzug regeln, gründen auf dem Korantext 2,183–185.187.

Allgemeine Vorschriften

Fasten muß jeder erwachsene, gesunde Muslim. Altersschwache, Kranke, Reisende, Schwangere, stillende Frauen erhalten Erleichterung bis zur Befreiung von der Fastenpflicht, jedoch mit der Auflage für diejenigen, die es können, das Fasten an anderen Tagen nachzuholen (2,184.185). Wer ohne erkennbaren Grund nicht fastet, ist gehalten, eine Ersatzleistung zu vollbringen, z. B. Speisung der Armen (2,184).

Das Fasten besteht darin, sich von Tagesanbruch bis Sonnenuntergang folgender Handlungen zu enthalten: essen, trinken, rauchen, Parfüm gebrauchen, sich geschlechtlich betätigen. Nach Sonnenuntergang und in der Nacht sind alle diese Handlungen dann wieder erlaubt. Die Absicht zu fasten muß vor Beginn des Fastens formuliert werden. Da Ramaḍān ein Mondmonat ist, so fällt er in verschiedene Jahreszeiten des Sonnenkalenders, was die Härte und die Länge des Fastentages auch unterschiedlich macht.

Das Ende der Fastenzeit wird erklärt, wenn glaubwürdige Zeugen den Neumond des auf den Ramaḍān folgenden Mondmonats gesehen und dies bezeugt haben. Dann findet ein dreitägiges Fest, das zweitgrößte im Jahr, statt.

Religiöse Bedeutung des Fastens

Die Fastenzeit ist zunächst einmal eine Bußzeit, wie sie bei den Juden und Christen angesehen wird (vgl. 2,183). So wird beim täglichen feierlichen Abendgebet in der Moschee der Koran noch eindringlicher rezitiert und kommentiert; die Predigt weist die Menschen auf ihre Verpflichtungen hin, sie versucht, sie zur Buße und Umkehr zu bewegen, und schärft den Gläubigen ein, sie sollen Gottes gedenken und den Menschen ihre aufrichtige Solidarität zeigen. Die Fastenzeit erinnert aber auch an die Herabsendung der Offenbarung (2,185) und ist somit ein Anlaß zur Dankbarkeit gegen Gott für seine Huld und seine Rechtleitung. Die Freude über die göttliche Botschaft findet darin ihren Ausdruck, daß die Menschen am Abend und in der Nacht sich miteinander freuen und feiern dürfen.

So stärkt das Fasten das moralische Leben der Gläubigen, es gibt ihnen Anlaß, sich miteinander zu versöhnen. Im Endeffekt dient das Fasten dazu, den Gläubigen das Wohlwollen Gottes zu erflehen. Die islamische Tradition enthält in dieser Hinsicht aufschlußreiche Aussagen. „Wer fastet, dem werden alle vergangenen Sünden vergeben." „Das Fasten sühnt die Sünden, die bis zum nächsten Fastenmonat begangen werden", also im voraus. Da der Koran die Nacht der Bestimmung, in der die Offenbarung herabgesandt wurde, als eine Nacht voller Heil und Segen bezeichnet (97,1.5), so sagt die Tradition, daß im Monat Ramaḍān die Tore des Himmels offen und die Tore der Hölle geschlossen bleiben.

In der Fastenzeit zeigt sich die Solidarität der islamischen Gemeinschaft auf verschiedene Art und Weise. Die Bereitschaft, sich mit Gegnern und Widersachern zu versöhnen, ist in der Fastenzeit stärker als im übrigen Jahr. Die Brüderlichkeit wird dadurch gestärkt, daß die Reichen die Armen und Minderbemittelten zu ihrer abendlichen Feier einladen. Im übrigen wacht die islamische Gemeinde über die Einhaltung des Fastengebots, und zwar mit ziemlichem Erfolg, wenigstens im öffentlichen Leben.

Verbote in bezug auf Speisen und Getränke

Der Koran verbietet das Fleisch von verendeten Tieren, das Blut, das Schweinefleisch, das Fleisch von Tieren, bei deren Schlachtung andere Wesen als Gott angerufen worden sind (16,115; 6,145; 2,173; vgl. 6,121), es sei denn, man ißt davon, weil man sich in einer Zwangslage befindet (6,145; 2,173). In einem Vers faßt der Koran alle diese Regeln zusammen und ergänzt sie: „Verboten ist euch Verendetes, Blut, Schweinefleisch und das, worüber ein anderer als Gott angerufen worden ist, und Ersticktes, Erschlagenes, Gestürztes, Gestoßenes und das, was ein wildes Tier angefressen hat – ausgenommen das, was ihr schächtet –, und das, was auf Opfersteinen geschlachtet worden ist ... Wenn aber einer aus Hunger gezwungen wird, ohne zu einer Sünde hinzuneigen, so ist Gott voller Vergebung und barmherzig" (5,3).

Unter den Getränken wurde der Wein untersagt. Der Koran läßt bezüglich des Gebrauchs von Wein eine gewisse Entwicklung erkennen. In der mekkanischen Periode wird der Wein als ein „Rauschgetränk und ein schöner Lebensunterhalt" (16,67) bezeichnet. Danach sieht der Koran darin zugleich einen Anlaß zu sündigen und eine Quelle der Nützlichkeit, „aber die Sünde in ihm ist größer als der Nutzen" (2,219). Dann kommt das relative Verbot: „Kommt nicht zum Gebet, während ihr betrunken seid, bis ihr wißt, was ihr sagt ..." (4,43). Endlich wird das ausdrückliche, allgemeine Verbot ausgesprochen: „Der Wein ... (ist) ein Greuel von Satans Werk. Meidet es" (5,90).

4. Die Pflichtabgabe

Der Koran kennt zwei Sorten von Spenden. Die eine ist das Almosen, die andere die gesetzliche Abgabe *(zakāt)*. Der Koran lobt die Gottesfürchtigen, die den Armen und Unbemittelten ein Recht auf Beteiligung an ihrem Vermögen einräumten (70,24–25; 51,19). Er unterstreicht wiederholt die Pflicht (9,60), Spenden von dem zu geben, was Gott den Menschen an Unterhalt und Vermögen beschert hat (u. a. 14,31; 2,154; 57,7; 63,10 ...), und die Pflicht, die Armensteuer zu entrichten (u. a. 2,42; 58,13 ...).

Die Spenden dienen der Förderung der Einrichtungen der Gemeinschaft, die sich um die Armen und Schwachen bemühen. Auch sollen die gesetzlichen Steuern zur finanziellen Unterstützung des islamischen Staates beitragen. So sind nach dem Koran die Empfänger der Pflichtabgabe folgende Personenkreise: „Die Almosen sind bestimmt für die Armen, die Bedürftigen, die, die damit befaßt sind, die, deren Herzen vertraut gemacht werden sollen, die Gefangenen, die Verschuldeten, für den Einsatz auf dem Weg Gottes und für den Reisenden. Es ist eine Rechtspflicht von seiten Gottes. Und Gott weiß Bescheid und ist weise“ (9,60; vgl. 4,36; 2,177.215.271.273 ...).

Um ausreichende Einnahmen zu erzielen, wurden im Islam folgende Güter mit Steuern belegt: die Feldernte, die Obsternte und die Viehherden bis zu einem Zehntel. Gold und Silber, Metall und Edelsteine, Handelsware und Geschäftserträge können viel höher besteuert werden.

5. Die Wallfahrt

In Altarabien besuchten die Polytheisten das Heiligtum der Ka'ba zu Mekka zweimal jährlich. Im Frühling fand die kleine Wallfahrt, im Herbst die große Wallfahrt mit ihren ausführlichen Riten statt. Der Koran führte den Bau der Ka'ba auf Abraham und seinen Sohn Ismael, den Vater der Araber, zurück (2,124–129). Und der Prophet Muḥammad unternahm selbst mit den Muslimen im Jahre 632 eine feierliche Wallfahrt nach Mekka, die bis heute als verpflichtendes Vorbild für die islamischen Pilger gilt. Die Muslime pilgern nach Mekka zu dem Ort, in dem der Islam zuerst entstand und in dem Gott die mächtigen Zeichen seiner Offenbarung gezeigt hat, in dem es folglich dem Gläubigen leichter fällt, vor Gott in vorbehaltloser Ergebung zu treten.

„Das erste Haus, das für die Menschen errichtet wurde, ist gewiß dasjenige in Bakka (Mekka); voller Segen ist es und Rechtleitung für die Weltenbewohner. In ihm sind deutliche Zeichen. Es ist die Stätte Abrahams, und wer es betritt, ist in Sicherheit. Und Gott hat den Menschen die Pflicht zur Wallfahrt nach dem Haus auferlegt, allen, die dazu eine Möglichkeit finden“ (3,96–97).

Diese Pflicht trifft jeden erwachsenen, freien und gesunden Muslim, ob Mann oder Frau (wenn die Frauen von verwandten Männern begleitet werden). Einmal im Leben muß die Wallfahrt nach Mekka unternommen werden, soweit dies aus gesundheitlichen, wirtschaftlichen, sicherheitsbezogenen oder organisatorischen Gründen möglich ist.

Riten der Wallfahrt (ḥadjj)
Der erste Teil der Wallfahrtsriten setzt sich aus Riten zusammen, die die Pilger einzeln vollziehen. Zunächst einmal versetzt sich der Pilger vor Mekka in den Weihezustand: Er legt seine normalen Kleider ab, führt die Waschungen aus, schneidet sich die Nägel, kämmt seinen Bart, zieht das weiße Pilgerkleid an und verrichtet das Gebet. Solange er sich im Weihezustand befindet, darf der Pilger „keinen Umgang mit Frauen haben, keinen Frevel begehen und sich nicht herumstreiten" (2,197). Er darf keine Jagd betreiben (5,1.2.95.96), wohl aber mit der Wallfahrt Handelsgeschäfte verbinden (2,198).

In Mekka muß dann der Pilger den schwarzen Stein, der in einer Ecke der Ka'ba eingemauert ist, küssen und siebenmal um die Ka'ba laufen. Dann läuft er zwischen den zwei Hügeln Ṣafā und Marwa (etwa 400 Meter) dreimal hin und zurück und einmal hin (2,158).

In der Gruppe vollziehen die Pilger folgende Riten: Nachdem sie die Predigt und die Anweisungen des Leiters gehört haben, ziehen sie zum Berg 'Arafāt. Nach Sonnenuntergang und vor Ende der Nacht müssen sie die Stadt Minā erreichen, wo sie durch Werfen von sieben Steinchen auf bestimmte Säulen den Teufel (symbolisch) steinigen. Zum Schluß der Riten findet ein großes Schlachtopfer (Kamel, Schaf, Ziege; vgl. 22,28.30) statt, in Erinnerung an das Opfer Abrahams (vgl. 37,107; 2,124).

Dann läßt man sich das Haar scheren und legt das weiße Pilgergewand ab; somit ist der Weihezustand aufgehoben. Als private Andachtsübung kann man danach nochmals siebenmal um die Ka'ba laufen und vom Wasser des Brunnens

Zamzam trinken. Schließlich verbringt man ein paar Tage in der Stadt Minā, um mit den anderen zu feiern.

Auf der Rückreise kann man das Grab des Propheten in Medina besuchen. Eine Pilgerfahrt nach Jerusalem zum Felsendom und zur Moschee al-Aqṣā wird auch empfohlen.

Religiöse Bedeutung der Wallfahrt

Die tiefgreifende Bedeutung der Wallfahrt kommt in der Erfahrung zum Ausdruck, die der Pilger auf dem Höhepunkt der Wallfahrtsriten macht. Der Gläubige tritt vor Gott am Berg 'Arafāt, er steht vor dem Herrn in der Haltung totaler Ergebung und vorbehaltlosen Gehorsams. Er erlebt dort, was eigentlich der Islam in seinem Wesen bedeutet, und er drückt dieses Erlebnis mit dem wiederholten Satz aus: Da bin ich, Herr *(labbayka).* Auch die anderen Gebete des Pilgers lassen ahnen, was sich in seinem Herzen vor dem Angesicht Gottes abspielt:

Es gibt keinen Gott außer Gott, dem Einzigen. Er hat keine Gesellen neben sich. Ihm sei Preis und Ehre! Er kann alles tun. O mein Gott! Gib Licht meinen Augen.

Lob sei dir! Wir preisen dich, mein Gott, so gut wir können. Mein Gott, erhöre meine Worte, sieh auf mich! Du kennst mein innerstes Geheimnis und alles, was ich tue. Nichts in mir bleibt dir verborgen. Ich bitte um deine Hilfe, ich Armer und Elender. Ich bekenne und gestehe meine Sünden ein …

So ist die Wallfahrt ein vorzüglicher Ausdruck des Glaubens und der gehorsamen Unterwerfung unter den Willen Gottes und somit ein wirksames Mittel, die Vergebung der Sünden und das Wohlwollen Gottes zu erlangen. Der Pilger wird also so eng mit Gott verbunden und in seine Huld einbezogen, daß die Tradition folgenden Ausspruch des Propheten Muḥammad überliefert: „Fordere die Fürbitte des Pilgers, denn seine Sünde ist vergeben und seine Fürbitte wird angenommen."

Der Pilger erhält den Ehrentitel *Ḥādjj* (Frauen: *Ḥādjja*).

In der Wallfahrt kommen die Solidarität der islamischen Welt und die Gleichheit aller Menschen in dem einen Glauben stark zum Ausdruck. Denn das Ritual erlaubt keinen Unterschied zwischen den verschiedenen Gläubigen. Rasse, Hautfarbe, Ursprungsland, sozialer Rang, Reichtum, politisches Amt, dies alles spielt da keine Rolle. Alle Gläubigen erleben ihre Gleichrangigkeit vor Gott, und alle fühlen sich einig und solidarisch in der Suche nach dem Antlitz Gottes und seinem Wohlgefallen. Und diese Erfahrung der allumfassenden Solidarität der gesamten islamischen Welt zeigt jedes Jahr neu ihre Auswirkungen auf die politischen Beziehungen der verschiedenen islamischen Länder zueinander und festigt ihre Zusammengehörigkeit auch gegenüber den übrigen Staaten der Welt.

VIII

Moralische Normen im Islam

Die Grundsätze der islamischen Moral bestimmen die Qualität des menschlichen Tuns. Sie sagen dem Gläubigen, wann und unter welchen Bedingungen er das Gute tun und das Böse verwerfen soll, um der Norm der Sittlichkeit zu entsprechen.

1. Klassifizierung der Taten

Die menschlichen Taten werden in folgende Kategorien eingeteilt:

– Gebotene Handlungen, die den Menschen als Pflicht auferlegt werden. Wer Gott gehorcht und diese Handlungen verrichtet, wird belohnt. Wer gegen diese Pflicht handelt, setzt sich der Strafe aus.

– Empfohlene Handlungen, die dem religiösen Leben des einzelnen und der Gemeinschaft förderlich sind. Ihre Vernachlässigung wird nicht bestraft; ihre Verrichtung wird jedoch belohnt.

– Erlaubte Handlungen, deren moralische Qualität neutral ist. Deswegen ist für deren Erfüllung keine Belohnung und für deren Unterlassung keine Strafe vorgesehen.

– Mißbilligte, verpönte Handlungen, die dem Gehorsam gegen Gott hinderlich sind. Wer sie unterläßt, wird belohnt, wer sie tut, wird jedoch nicht bestraft.

– Verbotene Handlungen, deren Unterlassung geboten ist und belohnt wird, während ihre Verrichtung Strafe nach sich zieht.

Da die Feststellung der moralischen Qualität der menschlichen Handlung mit dem positiven Inhalt des Gesetzes zusammenhängt, ist der durchschnittliche Muslim auf die religiöse Hilfe der Fachkundigen *('ulamā')* angewiesen, um seinen Weg vor Gott erkennen und sich danach richten zu können.

Die Theologen des Islams betonen in diesem Zusammenhang, daß das menschliche Tun daran gemessen wird, ob es den Bestimmungen des göttlichen Willens entspricht, aber auch ob es in guter oder böser Absicht erfolgt. Ein bekannter Grundsatz lautet: Die Taten hängen mit der Absicht zusammen, sie haben erst durch die Absicht Bestand.

Weil die Moral vor allem vom Gesetz her bestimmt ist, hat das Kind im Islam, solange es das verantwortliche Alter nicht erreicht hat (bis zum Alter von 13 oder 14 Jahren), keine moralischen Pflichten; es begeht daher keine Sünden. Das Kind muß zwar zur Erfüllung der gesetzlichen Bestimmungen herangeführt werden, es muß entsprechend erzogen werden, aber es hat im strengen Sinne keine Pflichten.

2. Die Sünden

Große und kleine Sünden

Die islamischen Theologen teilen die Sünden in große und kleine ein. Was man aber als große und was man als kleine Sünde betrachten muß, ist umstritten. Auch die Kriterien zur Beurteilung der Handlungen der Menschen sind nicht bei allen Theologen gleich. Ghazzālī (1058–1111) nimmt Bezug auf die drei Ebenen, die für das religiöse Leben von Bedeutung sind. Am schwersten sind demnach die Sünden, die sich gegen Gott und den Glauben richten, denn sie machen das Heil des Menschen direkt unmöglich. Dann kommen die Sünden, die sich gegen das Leben des Menschen richten, es vernichten oder wenigstens beeinträchtigen (Mord, Totschlag, Verstümmelung, Gewaltanwendung, Unzucht, Homosexualität ...). In die letzte Kategorie gehören die Sünden, die sich gegen die Mittel richten, die das Leben ermöglichen (Vergehen gegen Eigentum, den guten Ruf, die Wahrheit als Mittel der notwendigen Verständigung ...).

Vergebung der Sünden

In unzähligen Versen wiederholt der Koran, daß Gott barmherzig und reich an Vergebung ist (u. a. 2,173.182.192. 199. 218.225.226.235 …). Gott ist bereit, alle Sünden des Menschen zu vergeben (39,53), wem er will (u. a. 2,284; 3,129 …). Eine Ausnahme bildet der Unglaube in seinen verschiedenen Varianten. Wer ungläubig ist und frevelt, wird keine Vergebung finden (4,168; 9,80). Desgleichen werden die Heuchler, die ihren Unglauben verbergen und versuchen, andere vom Glauben abzubringen (63,2), und die Ungläubigen, die zudem in ihrem Unglauben sterben, keine Vergebung von Gott erfahren (47,34; 4,18). Eine besonders schwere Variante des Unglaubens, der nicht vergeben wird, ist die Beigesellung, die Anerkennung anderer Gottheiten neben dem einzigen Gott (4,48.116). Endlich ist der Abfall vom Glauben eine so schwere Abwendung von Gott, daß Gott ihn nicht vergibt (4,137; vgl. 16,106–107; 2,217; 3,86–91).

Die Vergebung der übrigen Sünden ist grundsätzlich möglich. Bedingung zur Erlangung der göttlichen Vergebung ist zunächst der Glaube. Wer glaubt, kann mit der Verzeihung seiner Sünden rechnen (vgl. 20,73; 26,51; 46,31). Desgleichen darf auf Vergebung hoffen, wer dem Propheten folgt (3,31) und sonst seine religiösen Pflichten erfüllt.

Der gläubige Sünder erlangt die Vergebung seiner schweren Sünden vor allem durch Reue und Umkehr (42,25; 4,17) sowie die Bitte um Gottes Vergebung: „… und die, wenn sie etwas Schändliches begangen oder sich selbst Unrecht getan haben, Gottes gedenken und um Vergebung für ihre Sünden bitten – und wer vergibt die Sünden außer Gott? – und auf dem, was sie getan haben, nicht beharren, wo sie es doch wissen. Deren Lohn ist Vergebung von ihrem Herrn und Gärten, unter denen Bäche fließen“ (3,135–136).

3. Der Moralkodex – Tugenden und Laster

Der Koran bezeichnet die „gläubigen Männer und Frauen" als diejenigen, die „das Rechte gebieten und das Verwerfliche verbieten" (9,71). In unzähligen Versen lobt er die Menschen, die glauben und das Gute tun, und verheißt ihnen die sichere Belohnung bei Gott. Gott wird ihnen ein gutes Leben bescheren (16,97), im Diesseits Gutes gewähren (16,30; 30,44–45), mehr als ihnen zusteht (42,23). Desgleichen wird Gott das Gute, das die Menschen tun, im Jenseits belohnen (41,46; 16,97; 28,84; 13,29; 98,7–8; 3,115; 4,40.114.124. 173; 5,9) und den Gläubigen ein Mehr an Belohnung gewähren (10,26). Denn Gott liebt die Rechtschaffenen, die das Gute tun (2,195).

Parallel zu diesen Texten und oft im selben Kontext betont der Koran, daß Gott das Böse verwirft, denn „nicht gleich sind das Verdorbene und das Köstliche" (5,100). Und „wer Böses tut, dem wird danach vergolten" (4,123; vgl. 30,10; 28,84; 10,27 ...).

Beziehungen zu Gott

Der Koran gebietet den Menschen, an Gott allein zu glauben, ihm allein zu dienen. Der Gehorsam und die Erfüllung der religiösen Pflichten, besonders die Verrichtung des Gebetes, sind der vorzügliche Ausdruck des ungeheuchelten Glaubens. Wer das versteht und sich bemüht, seinen Glauben zur vollen Entfaltung zu bringen, erweist sich als einer, der sich an die Wahrheit hält (vgl. 103,3) und dem die Weisheit und damit „viel Gutes" gegeben wurde (2,269).

Der Gläubige findet auch in seiner Demut immer leichter den Zugang zum tiefen Glauben (vgl. 32,15), im Gegensatz zum Hochmütigen, der in seiner Selbstzufriedenheit den Glauben nicht annimmt und sich vom Dienste Gottes abwendet (40,35; 4,172–173). Gott „liebt die nicht, die sich hochmütig zeigen" (16,23), er liebt auch nicht den, „der eingebildet und prahlerisch ist" (31,18; 4,36). Die Hochmütigen wird Gott in der Hölle bestrafen (16,27; 40,76; 39,60.72; 4,172–173).

Wie den Hochmut, so verurteilt der Koran die *Undankbarkeit* der Menschen, die in der Not Gott anrufen und sich undankbar zeigen, wenn die Gefahr vorbei ist (41,51; 17,67.83; 16,53–55; 30,33–34; 11,9; 39,8.49; 10,12). Den Dankbaren aber erklärt er: „Gott wird (es) den Dankbaren vergelten" (3,144). Die dankbare Annahme des eigenen Schicksals von der Hand Gottes bedingt die Haltung der Geduld und der Beharrlichkeit, die der Koran den Gläubigen empfiehlt: „O ihr, die ihr glaubt, seid geduldig und miteinander standhaft und einsatzbereit. Und fürchtet Gott, auf daß es euch wohl ergehe" (3,200; vgl. 103,3; 97,17; 2,45.153).

(Dies alles entspricht grob dem 1. und dem 3. Gebot im biblischen Dekalog: Glaube, religiöse Pflichten.)

Der Koran verurteilt die Gewohnheit, leichtfertig beim Namen Gottes zu schwören (2,224), sowie den Mißbrauch der Eide für allerlei Intrigen (16,92.94). Er droht dem Mißbrauch mit der Strafe Gottes (16,94), übt aber Nachsicht mit denen, die unbedachte Eide leisten (2,225), fordert jedoch von ihnen eine Sühne dafür: zehn Arme beköstigen oder drei Tage fasten (5,89; vgl. 66,2).

Grundsätzlich aber verlangt der Koran die Erfüllung der Gelübde (22,29) und die Einlösung der durch Eid bekräftigten Versprechen: „Und haltet den Bund Gottes, wenn ihr einen Bund geschlossen habt, und brecht nicht die Eide nach ihrer Bekräftigung, wo ihr Gott zum Bürgen über euch gemacht habt. Gott weiß, was ihr tut" (16,91; vgl. 5,89).

(Siehe das 2. Gebot des biblischen Dekalogs)

Beziehungen zu den Menschen

Der Koran verurteilt das Böse in der Welt und die Menschen, die auf Erden nur Unheil anrichten, statt für Frieden und Ordnung zu sorgen (26,152; 2,27; 5,33).

Im Gegenteil dazu empfiehlt der Koran die Güte und die Brüderlichkeit, die sich in den verschiedenen Bereichen des persönlichen und des gesellschaftlichen Lebens auswirken. „Die einen von euch stammen ja von den anderen" (4,25), denn Gott hat durch den Glauben aus den Feinden der alten Zeit Freunde, sogar Brüder gemacht (3,103). „Die Gläubigen sind ja Brüder“ (49,10), sie sind, Männer und Frauen, untereinander Freunde (9,71).

Die Brüderlichkeit drückt sich so aus: „... vergeßt die Großmut untereinander nicht“ (2,237), und „sprecht freundlich zu den Menschen“ (2,83), denn „freundliche Worte und Verzeihen sind besser als ein Almosen, dem Ungemach folgt“ (2,263).

Die Vergebung soll die Beziehungen der Gläubigen zueinander auszeichnen. Auch wenn man das Böse mit Bösem vergelten darf, so ist die Verzeihung doch besser (16,126; 4,149). Und wer bereit ist zu verzeihen, wird auch bei Gott Verzeihung finden: „Sie sollen verzeihen und nachlassen. Liebt ihr es selbst nicht, daß Gott euch vergibt? Gott ist voller Vergebung und barmherzig“ (24,22; vgl. 64,14).

Mehr noch, als seinen Zorn unterdrücken und den Menschen verzeihen (3,134), wird der Fromme Böses mit Gutem vergelten: „Nicht gleich sind die gute und die schlechte Tat. Wehre ab mit einer Tat, die besser ist, da wird der, zwischen dem und dir eine Feindschaft besteht, so, als wäre er ein warmherziger Freund“ (41,34; vgl. 23,96; 28,54; 13,22).

Brüderlichkeit verpflichtet auch dazu, den Spott zu vermeiden (49,11) und den Neid zu bannen (113,5). Der Gläubige soll vielmehr „zur Aussöhnung zwischen den Menschen“ auffordern (4,114) und mit den geeigneten Mitteln Frieden zwischen ihnen stiften: „Und wenn zwei Gruppen von den Gläubigen einander bekämpfen, so stiftet Frieden zwischen ihnen. Wenn die eine von ihnen gegen die andere in ungerechter Weise vorgeht, dann kämpft gegen diejenige, die in ungerechter Weise vorgeht, bis sie zum Befehl Gottes umkehrt. Wenn sie umkehrt, dann stiftet Frieden zwischen ihnen nach Gerechtigkeit und handelt dabei gerecht. Gott liebt die, die gerecht handeln“ (49,9).

Endlich zeigt sich die Solidarität und die Brüderlichkeit der Gläubigen miteinander darin, daß sie für die Schwachen Sorge tragen, den Armen und Waisen beistehen und ihnen zu essen geben (107,1–2; vgl. 74,44; 90,12–17; 89,17–19) und den Reisenden Gastfreundschaft anbieten (2,215; 9,60).

„Frömmigkeit besteht nicht darin, daß ihr euer Gesicht nach Osten und Westen wendet. Frömmigkeit besteht darin, daß man an Gott, den Jüngsten Tag, die Engel, das Buch und die Propheten glaubt, daß man, aus Liebe zu Ihm, den Verwandten, den Waisen, den Bedürftigen, dem Reisenden und den Bettlern Geld zukommen läßt und (es) für den Loskauf der Sklaven und Gefangenen (ausgibt), und daß man das Gebet verrichtet und die Abgabe entrichtet" (2,177).

Beziehungen zu den Eltern

Unter Verheißung der göttlichen Belohnung (46,16) empfiehlt der Koran den Gläubigen, sie sollen zu ihren Eltern gut sein, dies in Anbetracht der Umsorge und der Erziehung, die sie ihren Kindern angedeihen ließen (29,8; 31,14; 6,151; 46,15; 4,36). Der Koran wird sogar konkret in der Beschreibung der Haltung der erwachsenen Kinder ihren Eltern gegenüber: „Und dein Herr hat bestimmt, daß ihr nur Ihm dienen sollt, und daß man die Eltern gut behandeln soll. Wenn eines von ihnen oder beide bei dir ein hohes Alter erreichen, so sag nicht zu ihnen: ‚Pfui!', und fahre sie nicht an, sondern sprich zu ihnen ehrerbietige Worte. Und senke für sie aus Barmherzigkeit den Flügel der Untergebenheit und sag: ‚Mein Herr, erbarme dich ihrer, wie sie mich aufgezogen haben, als ich klein war'" (17,23–24).

Trotz aller Ehrerbietung darf aber der Mensch seinen Eltern nicht gehorchen, wenn sie versuchen, ihn vom Glauben abzubringen (29,8; 31,15). Wenn sie im Gegenteil ihr Kind zum Glauben aufrufen, darf dieses sie nicht zurückweisen (46,17).

Der Koran verpflichtet die Kinder dazu, für ihre Eltern und Verwandten zu sorgen, wenn diese in Not geraten sind (2,177.215).

(Vgl. das 4. Gebot des biblischen Dekalogs)

Respekt vor dem Leben

Der Koran gebietet den absoluten Respekt des Lebens. Denn, so lautet der allgemeingültige Grundsatz: „Wenn einer jemanden tötet, jedoch nicht wegen eines Mordes oder weil er auf der Erde Unheil stiftet, so ist es, als hätte er die Menschen alle getötet. Und wenn jemand ihn am Leben erhält, so ist es, als hätte er die Menschen alle am Leben erhalten" (5,32).

So verbietet der Koran mit Entschiedenheit den Mord (4,29.92), und er mahnt die Eltern, ihre Kinder nicht aus Verarmung zu töten, denn Gott wird für sie und für ihre Kinder sorgen (6,151). Der vorsätzliche Mörder wird von Gott dem Zorn, dem Fluch und der Hölle ausgeliefert (4,93).

Außerdem ist ein solcher Mörder der Vergeltung durch die Verwandten des Ermordeten ausgesetzt: „O ihr, die ihr glaubt, vorgeschrieben ist euch bei Totschlag die Wiedervergeltung: der Freie für den Freien, der Sklave für den Sklaven, das Weib für das Weib" (2,178).

In solchen Fällen ist man berechtigt, Rache zu nehmen und zu töten (17,33; 6,151; 5,32). Aber, so schärft der Koran ein, man darf dann „nicht maßlos im Töten sein" (17,33). Im Gegenteil, man sollte bereit sein, die von Gott gewährte Erleichterung des ius talionis anzunehmen, auf die Blutrache zu verzichten und sich mit einem Blutgeld zurfriedenzugeben (2,178).

Die Blutrache ist im Fall eines aus Versehen verübten Totschlages sogar verboten. Dafür muß der Täter eine Sühne leisten: Blutgeld, Befreiung eines Sklaven oder Fasten während zweier aufeinanderfolgender Monate. Die Aufhebung der Blutrache in diesem Fall wird im Koran als eine Erleichterung des strengen *ius talionis* und als ein Gnadenerweis von seiten Gottes bezeichnet (4,92).

(Vgl. das 5. Gebot des Dekalogs)

Sexualität und Familie

Der Koran bejaht ohne Vorbehalt die menschliche Liebe und die menschliche Sexualität, die er als Gabe Gottes betrachtet: „Und es gehört zu seinen Zeichen, daß Er euch aus euch selbst Gattinnen erschaffen hat, damit ihr bei ihnen wohnet. Und Er hat Liebe und Barmherzigkeit zwischen euch gemacht“ (30,21).

Der Koran bezeichnet die Frauen als ein Saatfeld für die Männer (2,223). Männer und Frauen sind füreinander eine Bekleidung (2,187), sie brauchen einander und passen zueinander. Der Geschlechtsverkehr muß während der Menstruation der Frau (2,222), am Tag in der Fastenzeit (2,187) und im Weihezustand während der Wallfahrt nach Mekka (2,197) unterbleiben. Auch ist der Geschlechtsverkehr nur Eheleuten gestattet (24,33; 70,31).

Die Männer können aber auch Umgang mit ihren Konkubinen unter ihren Sklavinnen haben (70,29–30; 23,5–6). In allen anderen Fällen gebietet der Koran den Männern die Keuschheit (70,29; 23,5; 24,30) so wie den Frauen (24,60).

Auf der anderen Seite verurteilt der Koran die Homosexualität und fordert die Züchtigung der Schuldigen (4,16; vgl. 7,80–81: Geschichte des Lot). Er verbietet die Prostitution: „Und zwingt nicht eure Sklavinnen, wenn sie sich unter Schutz stellen wollen, zur Hurerei im Trachten nach den Gütern des diesseitigen Lebens“ (24,33). Desgleichen verurteilt der Koran die Unzucht (6,151; 16,90; 7,28.33).

Die Strafe der Unzucht wird im Koran auf hundert Peitschenhiebe festgesetzt. Außerdem darf ein solcher Mann oder eine solche Frau keinen gläubigen Partner mehr heiraten (24,2–3).

Die Strafe des Ehebruchs wird erst verhängt, wenn vier glaubwürdige Zeugen den Tatbestand bestätigen (4,15; 24,4), sonst muß es der Ehemann viermal bezeugen und sich beim fünften Mal dem Fluch Gottes aussetzen, wenn er lügt (24,6–7). Desgleichen kann die beschuldigte Frau durch ähnliche Bezeugung der Strafe entgehen (24,8–9). Die Strafe selbst ist sehr streng, aus Sorge um die einwandfreie Legitimität der Kinder: Tod durch Steinigung oder lebenslanger Hausarrest: „Gegen diejenigen von euren Frauen, die Schändliches begehen, müßt ihr vier von euch zeugen lassen. Wenn sie es bezeugen, dann haltet sie in den

Häusern fest, bis der Tod sie abberuft oder Gott ihnen einen Ausweg verschafft" (4,15).

(Vgl. das 6. und 9. Gebot des Dekalogs)

Gerechtigkeit und Eigentum

Der Koran tritt entschieden für die Gerechtigkeit ein, die er zu einer besonderen Tugend der Muslime erhebt: „5,8: O ihr, die ihr glaubt, tretet für Gott ein und legt Zeugnis für die Gerechtigkeit ab. Und der Haß gegen bestimmte Leute soll euch nicht dazu verleiten, nicht gerecht zu sein. Seid gerecht, das entspricht eher der Gottesfurcht. Und fürchtet Gott. Gott hat Kenntnis von dem, was ihr tut" (5,8; vgl. 7,29; 49,9).

Die Gerechtigkeit besteht darin, einem jeden zu geben, was ihm gehört. So dürfen die Gläubigen sich nicht untereinander in betrügerischer Weise um ihr Vermögen bringen (2,188; 4,29). Auch im Geschäft müssen Betrug und Unehrlichkeit verbannt werden: „Und gebt volles Maß und Gewicht nach Gerechtigkeit" (6,152; vgl. 55,8–9; 83,1–3; 26,181–182; 17,35; 11,85; 7,85). Desgleichen gilt es, das Zinsnehmen, das der Koran als Wucher bezeichnet, abzuschaffen: „O ihr, die ihr glaubt, fürchtet Gott und laßt, was künftig an Zinsnehmen anfällt, bleiben, so ihr gläubig seid. Wenn ihr es nicht tut, so erwartet Krieg von Gott und seinem Gesandten" (2,278–279; vgl. 30,39; 2,275.276; 3,130; 4,161).

Auch muß man das anvertraute Gut nach Ablauf der festgesetzten Frist treu zurückgeben (70,32; 23,8; 2,283; 8,27; 4,58). Ganz allgemein muß der Gläubige die von ihm eingegangenen Verpflichtungen erfüllen (2,177).

Die Gerechtigkeit fordert auch, daß man den Verwandten ihr Recht gibt, ebenso den Armen und den Reisenden (30,38). Man darf also ihre Situation nicht ausnutzen, um sie um ihr Recht zu betrügen. Nicht einmal gegen sonst friedliche Ungläubige darf man ungerecht handeln (60,8).

Endlich soll die Gerechtigkeit walten bei jedem Schiedsspruch und jedem Richterurteil (4,58), auch wenn es um Verwandte geht (6,152).

Wer, ob Mann oder Frau, einen Diebstahl begeht, wird

hart bestraft: „Und hackt dem Dieb und der Diebin die Hände ab zur Vergeltung für das, was sie erworben haben, dies als abschreckende Strafe von seiten Gottes“ (5,38). Wer jedoch umkehrt und sich bessert, wird verschont (5,39). Auf Räuber und Gewalttätige wendet das islamische Strafrecht die Drohung des Korans an: Sie sollen „getötet oder gekreuzigt werden, oder daß ihnen Hände und Füße wechselseitig abgehackt werden, oder daß sie aus dem Land verbannt werden“ (5,33), es sei denn, sie kehren um, bevor man sie gefaßt hat (5,34).

Nicht nur den Diebstahl und das Unrecht verurteilt der Koran. Er verwirft auch die allzu große Liebe zum Reichtum. Der Reichtum ist von Gott gegeben worden, um die Menschen auf die Probe zu stellen (18,7), aber die Reichen verlassen sich auf ihren Besitz (vgl. 104,3), werden widerspenstig und weigern sich, an die Gesandten Gottes zu glauben (34,34–37). So empfiehlt der Koran den Gläubigen, von ihrem Besitz für die Sache Gottes zu spenden und den Geiz abzulegen (47,38), denn „Gott liebt die nicht, die geizen und den Leuten befehlen, geizig zu sein, und die verschweigen, was Gott ihnen von seiner Huld hat zukommen lassen“ (4,37). Aber „diejenigen, die vor ihrer eigenen Habsucht bewahrt bleiben, sind die, denen es wohl ergeht“ (59,9).

(Vgl. das 7. und 10. Gebot des Dekalogs)

Pflege der Wahrheit

Der Koran gebietet den Gläubigen: „Sprecht zutreffende Worte“, dann wird Gott ihnen ihre Werke gedeihen lassen und ihnen ihre Schuld vergeben (33,70–71). Verboten ist, „falsche Aussage“ zu machen (22,30) und falsches Zeugnis abzulegen (25,72). Auch werden die Gläubigen gewarnt, die ihr Versprechen nicht einhalten und nicht für die Sache Gottes mit dem Propheten kämpfen: „ … Warum sagt ihr, was ihr nicht tut? Großen Abscheu erregt es bei Gott, daß ihr sagt, was ihr nicht tut“ (61,2–3). Außerdem verurteilt der Koran die Heuchelei (vgl. u. a. 2,264; 4,38; – 8,47) und die Unaufrichtigkeit derjenigen, die „es lieben, für das gelobt zu werden, was sie nicht getan haben ... Bestimmt ist für sie eine schmerzhafte Pein“ (3,188).

Was das Zeugnis anbelangt, so legt der Koran großen Wert darauf, daß es der Wahrheit entspricht, damit jedem sein Recht zukommt, auch wenn das Zeugnis „gegen euch selbst oder gegen die Eltern und die Angehörigen sein sollte“ (4,135).

Energisch wendet sich der Koran gegen Mutmaßungen und Verdächtigungen, denn „manche Mutmaßung ist Sünde“ (49,12). Er gibt den Gläubigen folgenden heilsamen Rat: „O ihr, die ihr glaubt, wenn ein Frevler mit einer Nachricht zu euch kommt, so stellt es eindeutig fest, damit ihr nicht (einigen) Leuten in Unwissenheit etwas antut und dann bereuen müßt, was ihr getan habt“ (49,6).

Endlich verurteilt der Koran die üble Nachrede (24,19), es sei denn, man wahrt sich dadurch gegen ein Unrecht (4,148).

Noch strenger geht er mit den Verleumdern ins Gericht: „Und wer eine Verfehlung oder eine Sünde erwirbt und sie dann einem Unschuldigen vorwirft, der lädt auf sich eine Verleumdung und eine offenkundige Sünde“ (4,112).

„Diejenigen, die den unter Schutz gestellten, nichts ahnenden gläubigen Frauen Untreue vorwerfen, sind verflucht im Diesseits und Jenseits“ (24,23). Im Jenseits erwartet sie eine gewaltige Strafe (24,23), und im Diesseits soll man sie „mit achtzig Hieben geißeln. Nehmt von ihnen nie mehr eine Zeugenaussage an“ (24,4). *(Vgl. das 8. Gebot des Dekalogs)*

Zum Vergleich mit dem biblischen Dekalog können ferner folgende Koranstellen herangezogen werden: Suren 17,22–39; 6,151–153; 60,12.

IX

Askese und Mystik im Islam

1. Der Koran und die Askese

Der Prophet Muḥammad trat in Mekka unter anderem als Bußprediger auf. In harten Worten bezichtigte er seine Landsleute des Verschrobenseins, der Torheit und der Verderbtheit, er warnte sie eindringlich vor dem Gericht Gottes und mußte immer wieder mit Entsetzen feststellen: „Nein, ihr erklärt lieber das Gericht für Lüge“ (82,9) „und ihr hegt für den Besitz eine allzu große Liebe“ (89,20).

Er verurteilte mit Nachdruck die Leidenschaften und die Habgier der Menschen und erinnerte sie daran, daß die kommende Welt doch besser ist als diese (3,14–15; 18,48; 14,3; 40,39; 28,60; 29,64; 42,36; 35,5). Wer sich von dieser Welt blenden und vom Jenseits ablenken läßt, hat eine schwere Strafe zu erwarten (11,15–16).

Diejenigen dagegen, die den Versuchungen dieser Welt widerstehen, werden bei Gott reichlich belohnt werden (64,15–16).

Die natürliche Habsucht des Menschen läßt ihn aber nur selten die Probe bestehen (18,7). Der Mensch wird übermütig, aufsässig; er glaubt, durch Reichtum alles Nötige gefunden zu haben. Das ist aber eine Selbsttäuschung, die zu einem bitteren Ende führt (92,8–11; 96,6–7; 104,1–4; 3,10).

Der Koran sieht also in dieser Welt ein mögliches Hindernis für die Gläubigen und eine verführerische Versuchung, den Gedanken an Gott und an seinen Willen zu verlieren; er sieht auch die Welt als ein Geschenk des barmherzigen Gottes an die islamische Gemeinde. Die Gnade Gottes wird jedoch nur denjenigen erwiesen, die ihre Aufgabe als Zeugen des Glaubens und als Mitstreiter des Propheten erfüllen.

2. *Außerislamische Einflüsse*

Das christliche Vorbild

Der Koran erklärt das echte Mönchtum als ein Kennzeichen der Schüler Jesu Christi: „ … Und Wir setzten in die Herzen derer, die ihm folgten, Mitleid und Barmherzigkeit, und auch Mönchtum …“ (57,27). Und das Ideal der frommen Menschen, das dem Propheten Muḥammad vorschwebte, schien ihm in den christlichen Mönchen verwirklicht zu sein. Der Koran erwähnt diese bußfertigen Asketen mit großem Lob: „Männer, die weder Handel noch Kaufgeschäft ablenken vom Gedenken Gottes, von der Verrichtung des Gebets und der Entrichtung der Abgabe, die einen Tag fürchten, an dem Herzen und Augenlicht umgekehrt werden, damit Gott ihnen das Beste vergelte von dem, was sie getan haben, und ihnen von seiner Huld noch mehr gebe“ (24,37–38). Der Koran wünscht, diese Tugenden auch in den gläubigen Männern und Frauen des Islams wiederzufinden (9,112; 66,5).

Diese Lehren des Korans und die große Achtung Muḥammads für die christlichen Mönche haben die Muslime nicht vergessen, als sie die Gebiete des christlichen Nahen Ostens eroberten. Die hagiographischen Bücher erzählen von sehr häufigen Gesprächen zwischen einem Mönch oder einem Einsiedler und einem rechtgläubigen Muslim. Der Muslim fragt den Mönch nach dem Ziel und der Methode seines asketischen Lebens und läßt sich von ihm unterweisen.

In den Werken der geistlichen Meister finden wir außerdem eine Beschreibung des asketischen Lebens Jesu, der für die islamischen Gottsucher als großer Asket, als Vorbild überhaupt gilt. Viele Äußerungen über das Leben und die Lehre Jesu geben Einzelheiten aus dem Neuen Testament wieder. Andere lassen sich von der geistlichen Tradition der mönchischen Literatur inspirieren. Was die Asketen des Islams an Jesus am stärksten beeindruckt, ist seine Demut, seine Barmherzigkeit, seine Bereitschaft zur Vergebung, seine Strenge gegen sich selber und seine Nachsicht gegen die anderen.

Nichtislamische Elemente
Im 9. Jahrhundert begann in den kulturellen Zentren des islamischen Khalifats eine besonders rege Tätigkeit. Die Übersetzer übertrugen unter anderem Werke der griechischen Philosophen ins Arabische und haben damit die religiöse Welt des Islams mit neuen Auffassungen vertraut gemacht. Der Mystiker Dhū l-Nūn, ein Ägypter koptischer Herkunft, übernahm manchen neuplatonischen Gedanken. Viele andere haben sich im 9. und 10. Jahrhundert von der neuplatonischen Philosophie beeinflussen lassen. Diese Philosophie sucht, ohne die Hilfe irgendeiner Offenbarung, allein mit den dem menschlichen Geist innewohnenden Fähigkeiten, das Weltall in allen seinen Dimensionen zu erfassen und zum höchsten Wesen, zum letzten Ursprung alles Seienden vorzustoßen.

Neben dem Neuplatonismus ist bei islamischen Mystikern der Einfluß buddhistischer und hinduistischer Wandermönche, die die Auslöschung des Menschen ins transzendente Nirwana bzw. Göttliche lehrten, erkennbar.

Aber auch wenn außerislamische Einflüsse festgestellt werden können, so muß man dabei immer bedenken, daß die islamischen Mystiker sich in erster Linie dem Koran verpflichtet fühlten. Sie waren eifrig bemüht, die heiligen Texte zu rezitieren und nach deren tieferem Sinn zu fragen. So versuchten sie, die fremden Elemente mit ihrem islamischen Glauben in Einklang zu bringen.

3. Entwicklung der islamischen Mystik

Nach der Zeit der Asketen, die im Geiste des Korans lebten, kam eine andere Generation von Gottsuchern, die eine Vertiefung des geistlichen Lebens anstrebten, die nicht nur nach einem Weg *vor* Gott im Gehorsam gegen seinen Willen, sondern nach einem Weg *zu* Gott, zur Gotteserkenntnis und zur Liebesvereinigung mit ihm fragten. Zwei große Mystiker können hier als Vertreter dieser inständigen Suche nach Gott stehen: Bisṭāmī und Ḥallādj.

Der im Iran geborene *Bisṭāmī* (803–875) wird im Islam als Asket und Wundertäter bezeichnet. Er lehrte, daß der Gottsucher sein Ziel nur dann erreichen kann, wenn er die Welt, die Menschen und vor allem sich selbst, d. h. seine eigenen Eigenschaften, seinen eigenen Willen und seine eigenen Kenntnisse, ja seine eigene Existenz verleugnet und verneint, so daß nichts mehr zwischen ihm und Gott liegt. Nur durch dieses bis zum Äußersten getriebene Ent-Werden kann der Mystiker bis zum verborgenen Geheimnis des göttlichen Wesens vorstoßen und Gott intuitiv und direkt erkennen.

Die drei Etappen des totalen Ent-Werdens des Gottsuchers sind: das Sich-Entledigen von der Welt, den Menschen und allen irdischen Eigenschaften; – die Einsamkeit des geläuterten Menschen mit Gott und durch Gott, wobei er nur noch Gott allein sieht; – das Verschwinden des Menschen selbst, so daß nur noch die unerreichbare und einsame Alleinigkeit Gottes besteht. Aber der Abstand zwischen dem Menschen und Gott, den der Mystiker in seinem entrückten Erlebnis als beseitigt empfindet, wird ihm nach dem Erwachen noch schmerzlicher bewußt. Denn Gott bleibt doch der absolut unerreichbare Transzendente.

Jemand fragte Bisṭāmī: Wann gelangt der Mensch zu Gott? Er antwortete: „Du Armseliger, gelangt er denn überhaupt zu ihm?“[1]

Abū Manṣūr al-Ḥallādj (857–922) stammt aus dem Iran. Nicht nur durch intuitive Erkenntnis suchte er, Gott zu erreichen. Er betonte vor allem die Gottesliebe als Weg zur Vereinigung mit Gott. Auch er erlebte eine totale Entwerdung und eine Art Einswerdung mit Gott, so daß er gleiche Ausdrücke gebrauchte wie Bisṭāmī: „Ich bin die Wirklichkeit“, „Ich bin der, den ich liebe, und der, den ich liebe, bin ich. Wir sind zwei Geister, wohnend in einem Leibe. Wenn du mich siehst, so siehst du ihn, und wenn du ihn siehst, so siehst du mich.“

Solche Sätze haben die Orthodoxie des Islams alarmiert. Die Einzigkeit und die Transzendenz Gottes schienen durch sie verleugnet, denn der Mensch behauptete, mit Gott eins geworden zu sein. Die Mystiker haben ihrerseits solche Formulierungen so interpretiert, daß sie damit betonen wollten, es gebe neben Gott überhaupt nichts, die Einzigkeit Gottes sei so einzig, daß alle anderen Wesen keine wirkliche Existenz besitzen. Die Spannung zwischen Orthodoxie und Mystikern verschärfte sich dermaßen, daß man z. B. al-Ḥallādj der Gotteslästerung bezichtigte. Er wurde im Jahre 922 verurteilt, gehängt und verbrannt. In der Nacht vor seiner Hinrichtung sprach er folgendes Gebet:

„O Herr, ich bitte dich, schenke mir die Dankbarkeit für die Wohltat, die du mir erwiesen hast ... Hier sind deine Diener, die sich versammelt haben, um mich zu töten aus Eifer für deine Religion und im Streben nach dir. Verzeihe ihnen und sei ihnen gnädig! Denn wenn du ihnen den (dich) verhüllenden Schleier weggezogen hättest wie mir, würden sie das nicht mit mir tun, und wenn du mir dasselbe verdeckt hättest wie ihnen, wäre ich nicht in dieser Prüfung. – Dir gehört Preis für das, was du tust, und dir gebührt Preis für das, was du willst!"

Die Tiefe seiner religiösen Erlebnisse und die außerordentliche Qualität seiner mystischen Aussagen machen aus al-Ḥallādjs einen der hervorragendsten Mystiker der Religionsgeschichte.

Die Hinrichtung al-Ḥallādjs war nur das äußere tragische Zeichen der Spannung, die zwischen orthodoxer Theologie und Mystik herrschte. Diese Spannung wurde dadurch verschärft, daß manche Mystiker sich von den allgemeinen religiösen Pflichten befreiten oder wenigstens erklärten, solche Bestimmungen seien nur Hilfsmittel für Anfänger, für den wahren Mystiker seien sie überflüssig und bedeutungslos. Der Fortgeschrittene, der die Vereinigung mit Gott suche, dürfe sich auf seinem Weg nur von seinen Erfahrungen und Erlebnissen leiten lassen, auch wenn dabei die Gebote der Moral und die religiösen Pflichten vernachlässigt oder gar nicht mehr beachtet würden. In der Einheit des göttlichen Wesens verschwindet der Unterschied zwischen den verschiedenen ethischen Kategorien; dort sei der Mensch erhaben über alles, was der normale Gläubige Gut und Böse nennt. Selbst der Glaube könne für den wahren Mystiker seinen Inhalt und seine Bedeutung als Unterscheidungsmerkmal verlieren. So erklärte ein Mystiker: Ich bin kein Jude, kein Christ, kein Zarathustrianer und auch kein Muslim.

Für solche ketzerischen Äußerungen gab es keine Nachsicht. Mit wachsendem Mißtrauen verfolgten die Gesetzeslehrer des Islams die Entwicklung der Mystik. Man hat bis zum Ende des 11. Jahrhunderts warten müssen, bis der berühmte Theologe al-Ghazzālī daranging, der Mystik nach ihren dramatischen Kämpfen um die Existenzberechtigung einen Platz innerhalb der islamischen Orthodoxie einzuräumen.

Trotz dieser Vermittlung Ghazzālīs blieb die Mystik für lange Zeit Gegenstand des Mißtrauens. So sahen sich die Mystiker gezwungen, ihre Lehre immer mehr zu einem esoterischen, für eingeweihte Kreise bestimmten System zu entwickeln. Einige Mystiker sahen sogar in der Ausformung einer esoterischen Lehre die Möglichkeit, sich der scharfen Kontrolle der Orthodoxie zu entziehen und sorglos ihren pantheistischen Neigungen nachzugehen. Ibn al-'Arabī (1165–1250), der große Mystiker aus Andalusien, behauptete, er sei durch Steigerung seines innerlichen Glaubens bis zum Wesen Gottes vorgedrungen und habe die Vereinigung mit Gott erfahren, so daß er selbst Gott geworden sei und dadurch über allen Propheten stehe. Er lehrte außerdem, daß die geschaffene Existenz sich auflösen muß, indem sie sich in der einzig wirklichen Existenz des göttlichen Wesens verliert. So bleibt vom Mystiker nach dessen Auslöschung in Gott nichts übrig, es besteht nur noch Gott, der allein auf ewig dauert.

Auch wenn die Lehre nur eingeweihten Kreisen vorbehalten wurde, so blieb das Ziel der Mystik immer dasselbe: die Suche nach der Nähe Gottes und nach inniger Vereinigung mit ihm. Djalāl al-Dīn al-Rūmī (1207–1273) beschreibt den Weg zur Einheit mit Gott in folgenden Worten: „Jemand (=

der Mystiker) pochte ans Tor des Vielgeliebten (= Gott), und eine Stimme im Innern fragte: Wer ist da? – Ich bin es, antwortete er. Und die Stimme erwiderte: In diesem Haus ist nicht Raum für mich und dich. Und das Tor blieb geschlossen. Da ging der Gläubige in die Wüste, fastete und betete in der Stille. Ein Jahr danach schlug er von neuem ans Tor, und die Stimme fragte wieder: Wer ist das? Der Gläubige antwortete: Du bist es. Da öffnete sich das Tor."

4. Organisation und mystische Bruderschaften

Die Asketen der Frühzeit hatten keine bestimmte Organisation. Sie lebten einzeln oder sie sammelten sich um einen bekannten Meister und erhielten seine Unterweisungen. Desgleichen suchten die Mystiker zunächst einmal nach dem Vorbild indischer Wandermönche oder christlicher Einsiedler in einer Art Eremitentum zu leben. Bald ergab sich aber, daß die Meister von zahlreichen Schülern umschart wurden. Somit stellte sich die Notwendigkeit heraus, eine Organisation der geistlichen Leitung zu sichern. So entstanden im 12. Jahrhundert die Bruderschaften mit ihrer festen Gestalt.

Die Mystiker trugen ein Kleid aus Wolle *(ṣūf)* und erhielten die Bezeichnung Ṣūfī, „Wollbekleidete". Meister der Bruderschaft ist der Shaykh, der seinen mystischen Erfahrungen und seiner durchdachten Lehre eine anziehende Ausstrahlung verdankt und seinen Schülern den geistlichen Segen (*baraka*) vermittelt. Er übernimmt die Einweihung der Novizen und die Aufnahme der Brüder in den Orden. Jede Bruderschaft hat ihre eigene Regel, darum heißt de Gruppe *ṭarīqa*, „Weg, Methode". Eine allgemeingültige Bestimmung fordert in jedem Weg völligen Gehorsam gegenüber dem Shaykh. Doch nicht nur Gehorsam wird vom Novizen verlangt, sondern auch, daß er zu seinem Meister, der sein Lehrer und Leiter ist, mit offenem Herzen geht: „Verbirg nichts vor deinem Shaykh, wie der Kranke nichts verbirgt vor seinem Arzt.“ Damit aber der Meister seine Schüler ohne Schwierigkeiten führen kann, muß seine Autorität unantastbar bleiben und für die ganze Bruderschaft etwas Heiliges darstellen. Deshalb bemüht sich jede Gruppe, ihre Lehre durch eine Kette von Gewährsmännern und Meistern bis zu der Zeit Muḥammads zurückzuführen. Es wird angestrebt, einen Gefährten des Propheten oder einen sehr frühen, berühmten, wenn auch nur legendären Asketen als ersten Lehrer zu haben, dessen Weg durch ununterbrochene Überlieferung von der Bruderschaft aufbewahrt sein sollte. Damit sind die Rechtgläubigkeit und die Autorität des Shaykhs begründet.

Der Schüler wird aufgenommen, indem er, wie bei den indischen Mönchen, ein Tuch erhält, mit dem er sich umgürten soll als Zeichen der Weltverneinung und der Armut. Aus Indien kommt auch der Rosenkranz, der dem Mystiker hilft, die 99 schönsten Namen Gottes anzurufen. Nach gelehrten Untersuchungen soll die Organisation der mystischen Bruderschaften von Indien in die islamische Welt vorgedrungen sein. Man kann dabei auch an die zahllosen christlichen Klöster denken, die überall im Vorderen Orient vorhanden waren und von den Muslimen nach dem Zeugnis vieler literarischer Belege häufig besucht wurden.

5. Mystische Übungen

Die Mystiker des Islams befolgten die asketischen Übungen der Frommen der Frühzeit: kultische Reinheit, moralische Vollkommenheit, strenges Fasten, nach Möglichkeit sexuelle Enthaltsamkeit, Vorsicht vor den Familienbanden, Zurückgezogenheit und Verzicht auf Familie, Gesellschaft und soziales Ansehen. Mit diesen Übungen sollten die geistigen und geistlichen Kräfte des Gottsuchers gestärkt und gesteigert werden. Auch die innere Kontrolle der Leidenschaften und die Befreiung von den irdischen Begierden sollten dadurch erleichtert werden.

Außerdem bemüht sich der Mystiker, durch Koranrezitation und Meditation *(fikr)* die Spuren des Wirkens Gottes in der Schöpfung und in sich selbst zu entdecken und somit immer tiefer in das Geheimnis des einzigen Gottes einzudringen.

Die Hauptübung der einzelnen Mystiker und vor allem der Bruderschaften ist das intensive Gedenken Gottes *(dhikr)*. Diese Übung, die mit der Anrufung des Namens Gottes verbunden ist, wird im Koran den Gläubigen nahegelegt: „O ihr, die ihr glaubt, gedenket Gottes in häufigem Gedenken" (33,41; vgl. 43,36; 63,9). Um diese Empfehlung des Korans zu erfüllen, pflegten die Mystiker den Namen Gottes so oft wie nur möglich anzurufen. Man unterschied zwischen dem privaten, persönlichen und dem gemeinschaftlichen Gedenken.

Wenn die Übung eine große Intensität erreicht, erscheinen dem versunkenen Mystiker Lichter von verschiedener Dauer. Es sind Erleuchtungen, sagt Ghazzālī, „Flammen der Wahrheit", Funken der höchsten Wirklichkeit, Gaben der Barmherzigkeit Gottes an diejenigen, die ihn mit Ausdauer und besonderer Intensität suchen.

Spätere Autoren bestätigen die Erscheinung von Dauerlichtern verschiedener Farbe, die verschiedene Realitäten oder Schichten der geistlichen Wirklichkeit symbolisieren sollen: grau = Hülle des Körpers, blau = physische Seele, rot = Herz, weiß = der innerste Seelengrund, gelb = Geist, schwarz = der feine Daseinsgrund, grün = die höchste Wirklichkeit.

Für die gnostische Emanationslehre ist die Erscheinung der Lichter das Ergebnis der Freisetzung des göttlichen Elementes im Menschen.

X
Strukturen islamischer Gesellschaften

Auf der Erde leben ca. 1,25 Milliarden Muslime. Falls diese Zahl noch nicht erreicht sein sollte, wird diese Angabe in nur wenigen Jahren den Tatsachen entsprechen. Die gesellschaftlichen Bedingungen unter denen diese große Zahl von Menschen lebt, ist von zahlreichen Faktoren abhängig, von denen nur einer der Islam ist, wenngleich es sich um einen entscheidenden Faktor handelt. Doch auch das, was Muslime in verschiedenen Regionen und Kulturen der islamischen Welt als Islam erleben und praktizieren, weist sehr viele Unterschiede auf. Die Erfahrung des Islams und die gesellschaftlichen Praktiken der Muslime sind abhängig von der historischen Dauer und der Intensität, die der Islam auf eine bestimmte Gesellschaft einzuwirken Gelegenheit hatte. Islamische Gesellschaften, die aufgrund ihrer geographischen Lage oder infolge politischer Umstände lange Zeit von Kontakten mit den Kernländern des Islams abgeschnitten waren, stellen sich anders dar als solche, die auf verschiedenen Ebenen gesellschaftliche Entwicklungen erfahren haben, die einem allgemeinen Trend in der islamischen Welt entsprechen. So stehen Muslime in den zentralasiatischen Republiken der ehemaligen Sowjetunion oder Muslime in China vor anderen Aufgaben als Muslime in Westafrika oder Nordamerika. Die Vorstellungen vom Islam sind abhängig von der Substratkultur, der der Islam bei seinem Erscheinen in der entsprechenden Region gegenübertrat. In gleicher Weise spielt auch die Frage eine Rolle, ob die Bekanntschaft mit dem Islam durch die Vermittlung militärischer oder ziviler Begegnungen erfolgte. Religionswandel bewirkt zunächst immer einen gewissen Synkretismus. Zahlreiche Elemente der älteren Religion dringen auch in die religiöse Praxis der Muslime ein und werden islamisiert. Als Beispiel sei auf die Heiligenverehrung in Islam verwiesen. An vielen Orten im Nahen und Mittleren Osten finden sich Heiligengräber und andere heilige Orte, zu denen Muslime, Juden und Christen sich aus bestimmten, in der Regel identischen Gründen wenden. Sie erflehen dort Hilfe bei Unfruchtbarkeit, Krankheit oder anderen Beschwernissen und Unglücken des täglichen Lebens. Heiligenverehrung ist jedoch eine vom orthodoxen Islam bekämpfte Praxis, die nach Ansicht mancher Muslime nichts mit dem Islam zu tun hat. Selbst in diesem Kontext sind im übrigen Unterschiede zwischen verschiedenen Teilen der islamischen Welt festzustellen. So gestaltet sich die Heiligenverehrung in Indien anders als die in Marokko.

Im übrigen wirken auf die Muslime und ihre Perzeption vom Islam natürlich all die Faktoren ein, die auch für die gesellschaftliche Bedeutung religiöser Vorstellungen bei anderen Religionen eine Rolle spielen. Ländlich geprägte Gesellschaften unterscheiden sich von städtischen, industrielle von traditionellen. Der Grad formaler Ausbildung und das Vorhandensein von modernen Kommunikationsstrukturen spielt eine bedeutende Rolle. Es ist daher im Grunde nicht möglich von *der* islamischen Gesellschaft zu sprechen, auch wenn einige islamische Denker eine solche Einschätzung als eine Form von Kulturimperialismus ansehen könnten. Im folgenden kann nur versucht werden, einige der Grundstrukturen und Gemeinsamkeiten festzustellen, die islamische Gesellschaften kennzeichnen.

1. Familie

Auch für Muslime bildet die Familie die kleinste und zugleich wichtigste Einheit der Gesellschaftsstruktur. In einem allgemeineren genealogischen Sinne sieht der Islam die gesamte Menschheit als eine einzige Familie an, da alle Menschen von Adam und Eva abstammen. In Sure 4, 1 sagt der

Koran dazu: „O ihr Menschen, fürchtet euren Herrn, der euch aus einem einzigen Wesen erschuf, aus ihm seine Gattin erschuf und aus ihnen beiden viele Männer und Frauen entstehen und sich ausbreiten ließ. Und fürchtet Gott, in dessen Namen ihr einander bittet, und achtet die Verwandtschaftsbande.“ Ehe und Familie werden im übrigen durch zahlreiche Stellen im Koran sanktioniert und als notwendige Einrichtung verstanden, die Institution der Ehe und Familie wird geradezu als ein Beweis für die Existenz Gottes betrachtet. Auch in der gesellschaftlichen Praxis ist eine Existenz außerhalb der Familie nicht vorstellbar. Man ist entweder als Kind oder als Eltern Teil der Familie. Das Leben als alleinstehende Person ist Muslimen völlig unverständlich. Die in westlichen Gesellschaften feststellbare Zunahme der Individualisierung und Vereinzelung menschlicher Existenz wird von vielen Muslimen sehr kritisch betrachtet. In diesem Zusammenhang spielt nicht zuletzt die Tatsache eine wichtige Rolle, daß nach islamischen Moralvorstellungen Sexualität nur in der Ehe stattfinden kann. Der Islam geht mit allen Bedürfnissen des Menschen sehr realistisch um. Das gilt auch für die Sexualität. Da diese außerhalb der Ehe Sünde ist, ermahnen die islamischen Gelehrten die Muslime, sich möglichst rasch nach dem Eintreten der Geschlechtsreife zu verheiraten, um keine Sünde auf sich zu laden. So wird die Ermahnung des Propheten Muḥammad überliefert: „O ihr jungen Männer, wer von euch heiraten kann, der heirate. So bewahrt er am besten seine Augen vor unlauteren Blicken und seinen Körper vor Ausschweifungen.“ Diese Haltung bedeutet zugleich, daß der Islam jede Form von Zölibat ablehnt. „Es gibt kein Mönchtum im Islam,“ ist eine der in diesem Zusammenhang häufig zitierten Prophetentraditionen. Eine andere Tradition sagt: „Verhängt selbst keine Erschwernisse über euch, damit euch keine schweren Lasten aufgebürdet werden. Denn andere Völker haben dies getan, und es ist ihnen schwer gemacht worden. Ihre Spuren sind in den Zellen und Klöstern der Mönche. Sie haben sie selbst ersonnen. Wir haben ihnen nichts vorgeschrieben.“ Nur die Personen, die aus welchen Gründen auch immer nicht in der Lage sind, die sich aus einer Ehe ergebenden Verpflichtungen zu erfüllen, sollten eine solche Verbindung nicht eingehen. Das bedeutet allerdings nicht, daß die islamische Religionsgeschichte nicht doch einzelne Personen gekannt hat, die im Zusammenhang von asketischen Bemühungen und Übungen zölibatär gelebt haben. Vor allem im Kontext mit den zahlreichen Formen des mystischen Islams wird immer wieder von Zölibatären berichtet.

Ohne die Einrichtung der Ehe und Familie ist eine Reproduktion der Menschheit nicht möglich. In verschiedenen Prophetentraditionen wird darauf hingewiesen, daß Kinder ein bedeutsames Ziel der Ehe sind. So heißt es: „Heiratet und mehret euch; denn am Jüngsten Tag will ich mit euch Staat machen.“ Und an anderer Stelle: „Eine häßliche Frau, die viele Kinder zur Welt bringt, ist besser als eine schöne, die keine bekommt.“

2. Eheschließung

Die Ehe ist nach islamischen Vorstellungen im Unterschied zu denen des Christentums kein Sakrament, das sich die Eheleute gegenseitig spenden. Das islamische Recht sieht die Eheschließung als einen Vertrag an, der zwischen zwei Partnern geschlossen wird. In der Praxis handelt es sich um einen Vertrag zwischen zwei Familien, aus denen die beiden Eheleute jeweils stammen. In den immer noch stark von Traditionen geprägten Teilen islamischer Gesellschaften werden Ehen in der Regel arrangiert. Dabei werden eine Vielzahl von Überlegungen angestellt, die weit über die Frage der Kompatibilität der Ehepartner hinausgehen. Eine afghanische Prinzessin, die in New York an der Harvard-Buisness School erfolgreich ein Studium absolviert hatte, erklärte mir einmal auf meine erstaunte Frage, warum sie einen Mann heirate, der von ihren Eltern ausgesucht sei:

„Meine Eltern lieben mich und werden mir den Mann aussuchen, von dem sie annehmen, daß ich mit ihm glücklich sein werde. Von dem Mann, den ich heirate, und seiner Familie wissen wir alles. Wir kennen seine Kinderkrankheiten und seine Allergien. Wir wissen über seine finanziellen Verhältnisse Bescheid. Wir haben erfahren, welche seiner Verwandten in der Vergangenheit in wirtschaftliche oder politische Schwierigkeiten gekommen sind. Nach menschlichem Ermessen ist alles getan worden, daß wir eine glückliche Ehe führen und eine intakte Familie gründen können." Wie ernst das Arrangieren einer Ehe genommen wird, erklärte ein junger Marokkaner einmal einer amerikanischen Ethnologin, indem er sagte: „Eine Heirat zu arrangieren ist ein wichtiges Unterfangen, etwa so, wie einen Krieg vorzubereiten." Aus all dem wird deutlich, daß die Vorstellungen einer Liebesheirat zwischen zwei Individuen, wie sie in der westlichen Welt seit dem Beginn des 20. Jahrhunderts die allgemeine Regel geworden ist, in den traditionellen islamischen Gesellschaften keine oder nur eine untergeordnete Rolle spielen.

Der Vorgang der Eheschließung besteht aus ihrer notariellen Beglaubigung und Registrierung eines Ehevertrags. Das geschieht in der Regel vor einem Qāḍī, einem religiösen Richter, der auch die entsprechenden Verzeichnisse führt. Vertragspartner sind der Bräutigam und ein Vertreter der Braut. Allerdings sollte die Zustimmung der Braut eingeholt werden. Gegen ihren ausdrücklichen Willen kann eine junge Frau nicht verheiratet werden. Außerdem müssen bei der Eheschließung zwei rechtsfähige männliche oder ein männlicher und zwei weibliche Zeugen anwesend sein. Inhalt des Vertrags ist neben der üblichen Angabe zu den Vertragsparteien, Zeugen etc. vor allem die Höhe eines Brautgeldes *(Mahr)*, das an die Familie der Braut gezahlt werden muß. Dieses Brautgeld ist von einer Vielzahl von Faktoren abhängig. Zu ihnen gehören Ruf, Schönheit, Bildung oder soziale Stellung der Braut. Es besteht die Möglichkeit, einen Zahlungsaufschub oder Teilzahlungen zu vereinbaren. So kann beispielsweise abgemacht werden, daß ein Teil der Zahlungen erst bei einer eventuellen Scheidung zu erfolgen hat. Die Verpflichtung zur Zahlung des *Mahr* stellt heute in manchen islamischen Staaten eine erhebliche Belastung für die Familien von jungen Männern dar. In zahlreichen Fällen sind die Vorstellungen von der Höhe des Brautgeldes so beträchtlich, daß es sich Familien nicht leisten können, ihre Söhne zu verheiraten. Manche Staaten sind daher dazu übergegangen, zinslose Kredite anzubieten, die in den entsprechenden Fällen eine Heirat ermöglichen. Andererseits kann das Brautgeld auch nur einen symbolischen Wert haben. So lag mir vor einiger Zeit ein Ehevertrag aus Tunesien vor, bei dem die angegebene Summe des Brautgeldes so niedrig war, daß die kleinste der in Umlauf befindlichen Münzen noch zu hoch gewesen wäre. Entscheidend ist, daß eine Angabe über das Brautgeld in dem Ehevertrag festgehalten wird. Ohne diese Angabe wäre nach der Ansicht vieler islamischer Rechtsgelehrter ein solcher Vertrag ungültig. Der Ehevertrag kann noch zahlreiche andere Bedingungen enthalten. Er kann zum Beispiel ausschließen, daß der Ehemann gegen den Willen seiner Ehefrau noch weitere Frauen heiratet, er kann der Ehefrau zugestehen, daß sie unter bestimmten, festgeschriebenen Bedingungen die Scheidung einreichen kann. Besuchsregelungen der Frau bei ihren Eltern, die Feststellung, daß sie im Fall des Umzugs ihrem Mann nicht in eine andere Gegend folgen muß, all diese und ähnliche Abmachungen, finden Platz in einem Heiratsvertrag.

Vor der Eheschließung muß geprüft werden, ob Ehehindernisse bestehen. Zu diesen gehören bestimmte verwandtschaftliche Beziehungen. Heiraten mit Polytheisten und Apostaten sind darüber hinaus Muslimen nicht gestattet. Falls ein Muslim während seiner Ehe vom Islam abfällt, wird die Ehe zwangsgeschieden. Eine besondere Regelung gilt für Mischehen, also Ehen zwischen Angehörigen anderer Buchreligionen und Muslimen. Hier dürfen Muslime Jüdinnen oder Christinnen heiraten. Musliminnen ist es dagegen untersagt, mit jüdischen oder christlichen Männern eine Ehe einzugehen. Begründet wird diese unterschiedliche Regelung damit, daß der Islam das Prophetentum von Mose und Jesus anerkenne und Muslime daher ihren christlichen oder jüdischen Frauen kein Hindernis in den Weg legen würden, wenn sie den Vorschriften und Regelungen ihrer Religion weiter folgen. Der Islam schreibe im übrigen vor, daß die Männer für ihre christlichen oder jüdischen Frauen zu sorgen hätten. Ein Christ oder Jude erkenne dagegen die Prophetenschaft Muḥammads nicht an und werde daher versuchen, sie zu seiner Religion zu bekehren. Die Frau lebe zudem in der christlichen oder jüdischen Umgebung der Familie ihres Mannes und es bestehe die Gefahr, daß sie von dieser in einer für den Islam negativen Weise beeinflußt werde. Schließlich ist noch darauf hinzuweisen, daß nach islamischem Recht die Religionszugehörigkeit eines Kindes durch die des Vaters bestimmt wird, also im Fall eines christlichen oder jüdischen Vaters dem Islam ein Kind verloren ginge.

Die Heirat eines Muslim ist des weiteren u. a. verboten mit seiner Mutter, Tochter, Schwester, Tante väterlicher- und mütterlicherseits, Nichte, Schwiegermutter und den Schwestern der eigenen Frau (Sure 4, 22–23). Daneben kennt das islamische Recht auch eine Milchverwandtschaft, nach der weibliche und männliche Personen, die von der gleichen Amme genährt worden sind, als Geschwister gelten, so daß auch in einem derartigen Fall ein Ehehindernis besteht. Die genannten Verwandtschaftsbeziehungen stellen auch in westlichen und vielen anderen Gesellschaften Heiratstabus dar. Im Unterschied dazu wird in islamischen Gesellschaften eine Eheverbindung besonders hoch eingeschätzt und geradezu als die ideale Verbindung angesehen, die in den Heiratsregelungen anderer Gesellschaften nicht üblich ist. Es handelt sich um die sogenannten Parallelcousinenheirat. In einem solchen Fall heiratet ein junger Mann seine Cousine väterlicherseits (Vatersbruderstochter). Die Bezeichnung Vatersbruderssohn‘ (arabisch: *Ibn 'amm*) wird im Sprachgebrauch geradezu als Äquivalent für ‚Ehemann' verstanden. Frauen nennen ihren Ehemann auch dann ‚Ibn 'Amm', wenn sie mit ihm in keiner derartigen Verwandtschaftsbeziehung stehen. Natürlich sind nicht alle Ehen ausschließlich Verbindungen dieser Art. Ihr prozentualer Anteil an den geschlossenen Ehen schwankt zwischen 3 % und 15 %. Er ist von einer Vielzahl von sozialen und wirtschaftlichen Faktoren abhängig. In vielen islamischen Gesellschaften hat ein junger Mann allerdings geradezu ein Anrecht auf seine Cousine. Für den Fall, daß sie mit einem anderen Mann verheiratet wird, muß er dazu seine Zustimmung geben und eventuell abgefunden werden. Die Begründungen für diese Eheregel sind sehr vielfältig. Man sagt, daß auf diese Weise die Höhe des Brautgeldes verringert werden könne oder daß die Familie der Braut durch die nahe Verwandtschaft immer noch Einfluß ausüben und die junge Frau auf diese Weise bei ungerechter Behandlung durch ihre neue Familie zu schützen im Stande sei.

Bekanntlich gestattet das islamische Recht die Polygynie, wobei die Zahl der Frauen, mit denen ein Mann zur gleichen Zeit verheiratet sein kann, auf vier begrenzt ist. Im Koran heißt es dazu: „Und wenn ihr fürchtet, gegenüber den Waisen nicht gerecht zu sein, dann heiratet, was euch an Frauen beliebt, zwei, drei und vier. Wenn ihr aber fürchtet, sie nicht gleich zu behandeln, dann nur eine, oder was eure rechte Hand an Sklavinnen besitzt. Das bewirkt eher, daß ihr euch vor Ungerechtigkeit bewahrt" (4, 3). In einem späteren Vers (4, 129) stellt der Koran dann jedoch fest: „Und ihr werdet es nicht schaffen, die Frauen gleich zu behandeln, ihr möget euch noch so sehr bemühen ...". Von einigen islamischen Rechtsgelehrten wird dieser Vers angeführt, um darauf hinzuweisen, daß der Koran im Grunde die Monogamie fordert. Schon aus finanziellen Gründen sind Mehrehen in der Praxis sehr selten. Man geht von einer Prozentzahl von höchstens 2 % aller geschlossenen Ehe aus.

3. Scheidung

Im Gegensatz zu den Forderungen und Grundsätzen der katholischen Morallehre sieht das islamische Recht die Möglichkeit der Auflösung einer Ehe vor. Dabei wird Bezug genommen auf die folgende Koranstelle: 2, 226–232. Dieser umfangreiche Text enthält die wichtigsten Regelungen des islamischen Scheidungsrechts. Hier wird Muslimen die Möglichkeit gegeben, daß sie zweimal eine Scheidungsformel aussprechen, dann aber ihre Entscheidung wieder rückgängig machen. Erst wenn sie ein drittes Mal die Scheidung ausgesprochen haben, ist diese endgültig. Danach besteht die Möglichkeit der Rückkehr der Frau zu ihrem Mann nur dann, wenn sie zwischenzeitlich einen anderen Mann geheiratet und von diesem wieder endgültig geschieden worden ist. Während ein Mann sich jedoch unmittelbar nach einer Scheidung wieder verheiraten kann, hat die geschiedene Frau, aber auch die Witwe, eine Warteperiode von drei Monaten abzuwarten, ehe sie eine neue Ehe eingehen kann, damit eine eventuelle Schwangerschaft, die Vaterschaft und die damit verbundenen Rechtsansprüche zweifelsfrei festgestellt werden können. Das bedeutet, daß im Fall einer endgültigen Scheidung mehr als sechs Monate vergehen müssen, ehe eine Frau zu ihrem früheren Ehemann zurückkehren kann. Frauen können im Unterschied zu Männern nicht ohne weiteres die Scheidung erreichen. Sie müssen dazu ein Verfahren vor einem religiösen Gericht anstrengen, bei dem sie nachzuweisen hat, daß ihr Mann nicht in der Lage ist, sie und ihre Kinder angemessen zu unterhalten oder impotent ist. Daneben gibt es noch eine Reihe weiterer Scheidungsgründe, zu denen auch mentale Demenz oder Grausamkeit gehören.

Wie schon erwähnt können nach den ethischen Vorstellungen des Islams sexuelle Beziehungen nur im Rahmen einer Ehe praktiziert werden. Alles andere wird als ‚Unzucht' angesehen. Dazu sagt der Koran, Sure 24, 2–9: „Wenn eine Frau und ein Mann Unzucht begehen, dann geißelt jeden von ihnen mit hundert Hieben. Habt kein Mitleid mit ihnen angesichts der Rechtsbestimmungen der Religion Gottes, so ihr an Gott und den Jüngsten Tag glaubt. Und bei der Vollstreckung der Pein an ihnen soll eine Gruppe von Gläubigen zugegen sein./ Der Mann, der Unzucht begangen hat, darf nur eine Frau, die Unzucht begangen hat, oder eine Polytheistin heiraten. Die Frau, die Unzucht begangen hat, darf nur einen Mann, der Unzucht begangen hat, oder einen Polytheisten heiraten. Den Gläubigen ist dies verboten./ Diejenigen, die den unter Schutz gestellten (verheirateten) Frauen Untreue vorwerfen und hierauf nicht vier Zeugen beibringen, die sollt ihr mit achtzig Hieben geißeln. Nehmt von ihnen nie mehr eine Zeugenaussage an, – das sind die wahren Frevler –,/ mit Ausnahme derer, die danach umkehren und Besserung zeigen. Denn Gott ist voller Vergebung und barmherzig./ Im Falle derer, die ihren Gattinnen Untreue vorwerfen, aber keinen Zeugen haben außer sich selbst, besteht die Zeugenaussage eines Mannes darin, daß er viermal bei Gott bezeugt, er gehöre zu denen, die die Wahrheit sagen,/ und zum fünften Mal bezeugt, der Fluch Gottes komme über ihn, wenn er ein Lügner sein sollte./ Von ihr wehrt es die Pein ab, daß sie viermal bei Gott bezeugt, er sei ein Lügner,/ und zum fünften Mal bezeugt, der Fluch Gottes komme über sie, wenn er zu denen gehören sollte, die die Wahrheit sagen."

4. Familienleben

Da vor allem die jungen Mädchen, schon um ihren guten Ruf zu erhalten und so ihre Heiratschancen zu bewahren, kaum in der Öffentlichkeit sichtbar sind, kennen die jungen Leute einander vor der Eheschließung gar nicht oder nur flüchtig. Für beide ist daher die Partnerschaft mit einer großen Fremdheit und damit einhergehenden Unsicherheit verbunden. Während der junge Mann jedoch in seiner vertrauten Umgebung bleibt, sieht sich die junge Frau einer völlig neuen Situation gegenüber. Sie kommt, von den Parallelcousinenheiraten abgesehen, in die ihr fremde Umgebung der Herkunftsfamilie ihres Mannes. Die übliche Organisationsform der Familie ist in der Mehrzahl der islamischen Gesellschaften die der Großfamilie. Diese besteht aus den Eltern, den verheirateten Söhnen mit ihren Frauen und Kindern und den unverheirateten Töchtern. Es herrscht zunächst eine geschlechtsbezogene Arbeits- und Funktionsteilung. Danach sind die männlichen Familienmitglieder für die Außenwelt zuständig. Sie verlassen das Haus, gehen ihrer beruflichen Tätigkeit nach, vertreten die Familie bei politischen Auseinandersetzungen innerhalb des Dorfes oder des Stadtviertels und sorgen auch für die Herbeischaffung von Lebensmitteln u. ä. Die Frauen sind dagegen für die Innenwelt des Hauses zuständig. Sie organisieren den großen Haushalt, kochen, waschen und putzen. Durch handwerkliche Tätigkeiten wie Spinnen, Weben, Knüpfen, Sticken usw. tragen sie auch zum Unterhalt der Familie bei. Innerhalb der Gruppe der Frauen herrscht eine strenge Hierarchie, bei der die jüngste Schwiegertochter am unteren Ende der Leiter steht. Dominiert werden die Frauen, ja das ganze Haus von der ältesten Frau, der Mutter und Großmutter der männlichen Mitglieder der Familie.

Es besteht die Verpflichtung der verschiedenen Generationen innerhalb der Großfamilie, füreinander zu sorgen. Sie kann aus den entsprechenden Stellen des ‚islamischen Dekalogs' im Koran, Sure 17, 22–38 hergeleitet werden. Dort heißt es: „Und zu den Eltern sollt ihr gut sein. Wenn eines von ihnen, Vater oder Mutter, oder alle beide, bei dir im Haus hochbetagt geworden und mit den Schwächen des Greisenalters behaftet sind, dann sag nicht ‚Pfui' zu ihnen und fahr sie nicht an, sondern sprich ehrerbietig zu ihnen./ Und senke für sie in Barmherzigkeit den Fittich der Selbsterniedrigung und sage: ‚Herr, erbarme dich ihrer ebenso mitleidig, wie sie mich aufgezogen haben, als ich klein und hilflos war.'" Diese Aufforderung zu einem freundlichen Verhalten gegenüber der älteren Generation innerhalb der Großfamilie hat in der aktuellen Situation in der islamischen Welt direkte Konsequenzen. In vielen islamischen Staaten läßt sich eine erhebliche Landflucht feststellen. In den riesigen Agglomerationen der großen Städte läßt sich das traditionelle Leben einer islamischen Großfamilie aber kaum noch so realisieren, wie es auf dem Lande oder in den traditionellen Stadtvierteln möglich gewesen ist. Allein die Preise für Wohneigentum oder die Mieten sind in Städten wie Kairo oder Teheran so hoch, daß sie mit denen in Berlin, Paris oder London durchaus vergleichbar sind. Daher kann man eine immer stärkere Tendenz zur Auflösung der Großfamilie hin zur Bildung der in westlichen Gesellschaften üblichen Kleinfamilie feststellen. Aus dieser Situation ergeben sich Schwierigkeiten bei der Betreuung von alten Menschen, die noch dadurch verstärkt werden, daß die sozialen Sicherungssysteme, wie wir sie in den Staaten Westeuropas kennen, in der Mehrzahl der islamischen Staaten erst im Aufbau begriffen sind und die Familie hier das effektivste und in vielen Fällen einzige Sozialsystem darstellt. Eine Versorgung alter Menschen in entsprechenden sozialen Einrichtungen wie Altersheimen und Altenpflegestätten wurde von Sozialpolitikern in islamischen Staaten verschiedentlich ins Auge gefaßt. Dagegen wandten sich immer wieder islamische Rechtsgelehrte, die unter Hinweis auf die obige Koranstelle die Verpflichtung der Kinder, für ihre Eltern zu sorgen, betonten und die Einrichtung von Altersheimen als unislamisch ablehnten.

Die Frage der Stellung der Kinder, vor allem aber ihre Versorgung findet keine so genauen Anweisungen im Koran. Das hat dazu geführt, daß die verschiedenen Rechtsschulen in einzelnen Fragen unterschiedliche Ansichten über die verschiedenen Verpflichtungen der Eltern gegenüber den Kindern entwickelt haben. Natürlich kann man aus der oben angeführten Stelle „Und erbarme dich ihrer ebenso mitleidig, wie sie mich aufgezogen haben, als ich klein und hilflos war“ eine entsprechende Aufforderung herauslesen. Im übrigen regelt der Koran in diesem Zusammenhang aber eher praktische Fragen wie die nach der Versorgung von Scheidungswaisen. Nach Sure 65, 6 muß ein Vater für die bei seiner geschiedenen Frau lebenden gemeinsamen Kinder sorgen. Falls es sich um Säuglinge handelt hat er der Mutter eine Entlohnung für das Stillen zu zahlen. In den klassischen islamischen Schriften zur Erziehung und in der gegenwärtigen Praxis wird davon ausgegangen, daß die Eltern gemeinsam für ihre Kinder Verantwortung tragen. Entsprechend der geschlechtsspezifischen Arbeitsteilung hat der Vater den Lebensunterhalt, also Nahrung und Kleidung, für die Kinder durch seine berufliche Tätigkeit sicherzustellen. Die Aufgabe der Mutter ist es dagegen, die Kinder zu betreuen. Sie hat für ihre Sauberkeit zu sorgen und ihnen die ersten sozialen Kompetenzen und religiösen Kenntnisse und Praktiken zu vermitteln.

Die Erfahrung, als Kind seine Eltern zu verlieren, hatte den Propheten Muḥammad tief geprägt. Zahlreiche Traditionen und Aussprüche belegen das. Auch der Koran weist immer wieder darauf hin, daß es die Pflicht der Muslime ist, sich um elternlose Kinder zu kümmern. Diese Aufgabe obliegt in erster Linie den Verwandten der Kinder, vor allem denen der väterlichen Linie. Wenn auch diese nicht vorhanden sind oder ihnen die entsprechenden Mittel und Möglichkeiten fehlen, muß die mütterliche Seite diese Verpflichtung übernehmen. Wenn Kinder gänzlich ohne Verwandtschaft dastehen, hat die Gemeinschaft der Muslime für sie einzustehen. Dies geschieht durch Waisenhäuser, die in der Regel durch fromme Stiftungen finanziert werden.

In der Frage, wie lange die Fürsorgepflicht, aber auch das Sorgerecht der Eltern gegenüber den Kindern dauert, finden sich bei den islamischen Rechtsgelehrten unterschiedliche Ansichten. Diesbezügliche Überlegungen mußten vor allem angestellt werden, weil eine Ehe scheitern kann und häufig Streit um die Zugehörigkeit der Kinder zu einer der beiden Elternteile entstand. Diese Problematik tritt auch heute immer wieder auf. Das gilt nicht zuletzt für Mischehen, die z. B. hier in Deutschland geschlossen werden. Die islamischen Rechtsgelehrten stimmen darin überein, daß das alleinige Recht der Personensorge für die Kinder bei der Mutter liegt, so lange sie ihrer direkten Fürsorge bedürfen. Im übrigen lassen sich eine Reihe von Meinungsunterschieden zwischen den einzelnen Rechtsschulen feststellen. Gleichgültig, ob es sich um Jungen oder Mädchen handelt, hat die Mutter nach der Ansicht der schafiitischen Rechtsschule das Recht der Personensorge bis zu einem Alter von etwa sieben Jahren. Danach kann das Kind selbst entscheiden, ob es bei seinem Vater oder seiner Mutter leben will. Jedoch muß es sich bei der Mutter um eine Muslimin handeln, die im vollen Besitz ihrer geistigen Kräfte ist, über einen festen Wohnort verfügt und im Fall einer Scheidung oder als Witwe nicht wieder verheiratet ist. Falls sie einen Lebenswandel führt, der nicht mit den gesellschaftlichen Normen übereinstimmt, kann ihr das Recht, für ihre Kinder zu sorgen, entzogen werden. Nach mālikitischen Rechtsgelehrten endet die Personensorge der Mutter für Jungen und Mädchen dagegen erst mit deren Eintritt in die Pubertät. Mädchen bleiben danach sogar so lange in der Obhut der Mutter, bis sie heiraten.

Übereinstimmend berichten die verschiedensten Quellen von der dominierenden Stellung der ältesten Frau in der Großfamilie. Sie hat sich diese Position durch Klugheit, Geschick, wirtschaftliches Denken und Handeln und durch die Tatsache, daß sie Kinder, vor allem Söhne zur Welt gebracht hat, erworben. Als Mutter hat sie Autorität über ihre Söhne, Schwiegertöchter und Enkel. Zugleich hat sich im Verlauf des Prozesses des Älterwerdens das Verhältnis zwischen ihrem Mann und ihr verändert. Während bei dem älter werdenden Mann die körperlichen Kräfte abnehmen, die berufliche Kompetenz in vielen Fällen jedoch nicht in gleichem Maße durch Lebens- und Berufserfahrung steigt, ist dies bei den Frauen, vor allem in traditionellen Gesellschaften nicht der Fall. Ihre körperlichen Defizite fallen nicht so sehr ins Gewicht, weil die schweren Arbeiten im Rahmen der häuslichen Verrichtungen nun von den jüngeren Frauen der Großfamilie erledigt werden müssen. Die Erfahrungen, die die älteste Frau der Familie in einem langen Leben gesammelt hat, sind dagegen durch den Alterungsprozeß in der Regel nicht betroffen. Sie gewinnt mehr und mehr Autorität auch gegenüber ihrem eigenen Mann. Hinzukommt, daß sie noch weitere Erfahrungen erwerben kann. Nach dem Eintritt der Menopause vergrößert sich auch in traditionelleren Gesellschaften die Bewegungsfreiheit der Frauen, da um ihren guten Ruf nicht mehr gefürchtet werden muß. Daher kann eine ältere Frau sich nun im Quartier oder im Dorf ungezwungener bewegen. Sie kann Reisen unternehmen und so ihren Horizont erweitern. Die entsprechenden Aktivitäten und Interessen der älteren Männer lassen dagegen in vielen Fällen nach. Auch im religiösen Bereich verstärkt sich die Präsenz der älteren Frauen. Sie können nun ohne Beschränkungen an allgemeinen religiösen Ritualen teilnehmen, sich länger in der Moschee aufhalten und eigene Aktivitäten entwickeln. Dies wirkt sich wiederum in vielfältiger Weise auf die eigene Familie aus.

5. Die Stellung der Frau

Die religiöse Stellung

Kaum ein Thema hat von alters her westliche Beobachter der islamischen Welt so bewegt wie das der Stellung der Frau. Die Vorurteile und Mißverständnisse sind kaum zu zählen. Daher muß zunächst einmal festgehalten werden, daß sich die Forderungen des Korans an Gläubige beiderlei Geschlechts richten. Die Glaubenspflichten müssen von Frauen in gleicher Weise erfüllt werden wie von Männern. Belohnungen für ein wahrhaft islamisches Leben und Strafen für Verstöße sind im Jenseits für beide Geschlechter gleich. Der Koran sagt dazu: „Wer Schlechtes tut, dem wird gleichviel vergolten. Und diejenigen, die Gutes tun, ob Mann oder Weib, und dabei gläubig sind, werden ins Paradies eingehen, wo ihnen Unterhalt beschert wird ohne Abrechnung“ (40, 40). Allerdings gibt es einige besondere

Rechtsvorschriften, die sich ausschließlich auf die Frauen beziehen. Während der monatlichen Regel können sie ihren religiösen Pflichten nicht nachkommen, weil sie als rituell unrein angesehen werden. Diese Regelung gilt vor allem für das Gebet, das Fasten und die Wallfahrt. Frauen sollten die aus diesem Grund versäumten Pflichten jedoch zu einem späteren Zeitpunkt nachholen. Schwangere und Stillende brauchen nicht zu fasten. Am Gemeinschaftsgebet am Freitagmittag nehmen Frauen in der Regel nicht teil. Es ist ihnen jedoch nicht untersagt. Sie sollten jedoch hinter den Männern Aufstellung nehmen, um diese nicht vom Gebet abzulenken. In einigen islamischen Länder besteht die Praxis, das der Teil der Moschee, in dem die Frauen am Freitagsgebet teilnehmen, durch Tücher oder Stellwände von dem Bereich, in dem die Männer beten, abgeteilt ist. Die Pflicht der Wallfahrt können Musliminnen nur dann erfüllen, wenn sie sich in Begleitung einer männlichen Person zu ihrem Schutze befinden. Dabei kann es sich z. B. um den Vater, Bruder, Sohn oder Enkel handeln. Frauen können beim Gebet nicht die Funktion des Vorbeters *(imām)* ausüben, wenn es sich um eine Betergruppe aus Männern und Frauen handelt. In einem solchen Fall muß ein Mann als Vorbeter agieren. Bei reinen Frauengruppen nimmt dagegen eine Frau diese Aufgabe wahr. Im Fall des Abfalls vom Islam ist eine Frau anders zu bestrafen als ein Mann. Während er mit der Todesstrafe bedroht ist, soll sie so lange der Freiheit beraubt werden, bis sie sich wieder bekehrt hat.

Die geringere Mobilität und die schlechtere Ausbildung der Frauen in islamischen Gesellschaften hat es mit sich gebracht, daß sich eine spezifische Form weiblicher Religiosität entwickelt hat, die starke volksreligiöse Züge enthält. In der religiösen Praxis lassen sich in der unterschiedlichsten Bereichen Differenzen zwischen männlichem und weiblichem Verhalten feststellen, selbst wenn es sich um sehr ähnliche Praktiken handelt. Als Beispiel sei auf die unterschiedliche Form hingewiesen, in der das Geburtsfests des Propheten Muḥammad *(maulid)* begangen wird. An diesem

Festtag begeben sich in vielen islamischen Ländern die Männer in die Moschee und nehmen an einem Gottesdienst teil, bei dem Teile der Lebensgeschichte Muḥammads rezitiert werden. Gruppen von Frauen treffen sich dagegen in Privathäusern, um durch Rezitationen ebenfalls des Lebens des Propheten zu gedenken. In der Regel handelt es sich bei Männern wie bei Frauen um die Rezitation der gleichen Prophetenbiographie. Ethnologische Feldforschungen haben ergeben, daß bei den Männer Teile rezitiert werden, in denen die Kriegszüge des Propheten geschildert werden, während es bei den Zusammenkünften der Frauen eher um seine Kindheitsgeschichte und andere frauenspezifische Aspekte des Prophetenlebens geht. Während es sich hier um einen völlig orthodoxen Kontext handelt, wird die Heiligenverehrung, die vor allem von Frauen praktiziert wird, von vielen islamischen Gelehrten und westlichen Experten als Teil des Volksislams angesehen, wenngleich die Grenze zwischen diesen beiden religiösen Vorstellungen nicht leicht zu markieren ist. Frauen wenden sich vielfach mit besonderen Problemen oder in schwierigen persönlichen Situationen an Heilige und erflehen von ihnen Hilfe. Immer wieder anzutreffen sind Probleme im Zusammenhang mit dem Familienleben. Besonders gravierend sind in diesem Zusammenhang Unfruchtbarkeit oder die Erkrankung von Kindern. Auch die Unsicherheit hinsichtlich der Treue des Ehemannes oder Streitigkeiten innerhalb der Großfamilie können Anlaß sein, einen Heiligen um Hilfe anzurufen. In vielen Fällen geschieht das durch den Besuch an einem Heiligengrab. Dabei werden Gebete rezitiert und Gaben versprochen, die bei Erfüllung der Bitte dann dem Grab gebracht werden. Auch der Glaube an Djinnen (Geister), von denen auch der Koran an mehreren Stellen spricht, ist bei Frauen stärker verbreitet als bei Männern. Diese Djinnen können den Menschen schaden, wenn sie sich von ihnen beleidigt oder gestört fühlen. Von dieser Vorstellung ist es nicht weit zu Besessenheitsphänomenen, von denen vor allem Frauen betroffen sind. Hier haben sich in verschiedenen Teilen der islamischen Welt geradezu Besessenheitskulte entwickelt, die von orthodoxen Muslimen als unislamisch angesehen werden, für die religiöse Praxis von Musliminnen jedoch von großer Bedeutung sind.

Mit der Geschlechtertrennung hängt auch die Frage nach der islamischen Kleidung und vor allem die des Schleiers zusammen. Schon im römischen und griechischen Altertum, den altorientalischen Kulturen und in Byzanz war der Schleier das Zeichen der ehrbaren Frau. Auch das vorislamische Arabien kannte zahlreiche Formen von Verschleierungen. Der Koran nimmt diese Praxis auf und schreibt den Schleier vor. Diese Regelung galt gegenüber allen Männern von den folgenden Ausnahmen abgesehen: „Es besteht für sie kein Vergehen in bezug auf ihre Väter, ihre Söhne, ihre Brüder, die Söhne ihrer Brüder, die Söhne ihrer Schwestern, ihre Frauen und die, die ihre rechte Hand besitzt" (33, 55). Den Männern, gegenüber denen ein Heiratstabu besteht, gegenüber anderen Frauen und gegenüber Unfreien, konnten sich Musliminnen unverschleiert zeigen. Schon in frühislamischer Zeit gab es jedoch Diskussionen um die Form der Verschleierung. Diese sind zurückzuführen auf Sure 24, 31: „Und sprich zu den gläubigen Frauen, sie sollen ihre Blicke senken und ihre Scham bewahren, ihren Schmuck nicht offen zeigen, es sei denn ihren Ehegatten, ihren Vätern, den Vätern ihrer Ehegatten, ihren Söhnen, den Söhnen ihrer Ehegatten, ihren Brüdern, den Söhnen ihrer Brüder und den Söhnen ihrer Schwestern, ihren Frauen, denen, was ihre Hand besitzt, den männlichen Gefolgsleuten, die keinen Trieb mehr haben, den Kindern, die die Blöße der Frauen nicht beachten. Sie sollen ihre Füße nicht aneinander schlagen, damit man gewahr wird, was für einen Schmuck sie verborgen tragen. Bekehrt euch allesamt zu Gott, ihr Gläubigen, auf daß es euch wohl ergehe." Dieser Text macht verschiedene Interpretationen hinsichtlich der Verschleierung möglich. Regionale Traditionen und gesellschaftliche Stellung, Lebensalter und Ausbildung der Frauen haben hier unterschiedliche Verhaltensweisen entstehen lassen. Immer wieder ist der Kampf um den Schleier oder die Entschleierung zu einem Mittel in den gesellschaftlichen und politischen Auseinandersetzungen islamischer Staaten geworden. In jüngster Zeit hat sich daher die eine oder andere Form des Schleiers zu einem Zeichen der Islamizität entwickelt. Von manchen Musliminnen werden auch Argumente vorgetragen, die darauf hinauslaufen, daß der Schleier oder die islamische Kleidung ein Zeichen der Hochachtung der islamischen Gesellschaft gegenüber ihren Frauen versinnbildlicht. Sie weisen in diesem Zusammenhang auf Argumente von westlichen Feministinnen hin, die die Enthüllung des weiblichen Körpers als ein Zeichen der Mißachtung der Frau betrachten.

Die soziale und wirtschaftliche Stellung der Frau

Trotz der religiösen Gleichstellung hat der Koran im übrigen eine klare Unterstellung der Frau unter den Mann festgeschrieben. In Sure 4, 34 heißt es: „Die Männer haben Vollmacht und Verantwortung gegenüber den Frauen, weil Gott die einen gegenüber den anderen bevorzugt hat und weil sie von ihrem Vermögen für die Frauen ausgeben. Die rechtschaffenen Frauen sind demütig und bewahren das, was geheimgehalten werden soll, da Gott es geheimhält. Ermahnt diejenigen, von denen ihr Widerspenstigkeit befürchtet, und entfernt euch von ihnen in den Schlafgemächern und schlagt sie. Wenn sie euch gehorchen, dann wendet nichts Weiteres gegen sie an. Gott ist erhaben und groß.“ Männern wird also ein Züchtigungsrecht gegenüber ihren Frauen eingeräumt. Die Einschätzung des Propheten Muḥammad gegenüber den Frauen muß als ambivalent bezeichnet werden. Einerseits äußerte er sich häufiger lobend über sie. Beispielsweise heißt es: „Die ganze Welt ist eine erfreuliche Einrichtung, das erfreulichste in ihr aber ist eine rechtschaffene Frau.“ Andererseits wird dem Propheten der Satz zugeschrieben: „Ich habe keine Versuchung hinterlassen, die schädlicher wäre für meine Gemeinde als die, die die Frauen für die Männer darstellen.“ Frauen werden in zahlreichen klassischen islamischen Texten, Märchen und Sprichwörtern als die größte Versuchung für die Männer dargestellt. Auf diese Weise kann die strikte Geschlechtertrennung in islamischen Gesellschaften begründet werden. In diesem Zusammenhang sollte darauf hingewiesen werden, daß diese Separierung heute auch von etlichen islamischen Frauengruppen gefordert wird, die damit aber auch die Forderung nach Eigenverantwortlichkeit verbinden. Nach ihrer Ansicht haben sich Männer nicht in die Angelegenheiten der Frauen einzumischen. In der Praxis war das seit jeher im häuslichen Leben der Fall. Nun aber fordern sie die Möglichkeit einer Ausbildung von Frauen im religiösen Bereich, die von Musliminnen durchgeführt werden soll. In zahlreichen Moscheen wurden in den vergangenen Jahren entsprechende Kurse und Studienkreise eingerichtet. Es finden jedoch auch Fortbildungskurse für andere Bereiche statt, die mit den spezifischen Aufgaben und Funktionen von Frauen zu tun haben. Zu nennen sind Kurse in Kinderpflege und Hygiene, aber auch in Pädagogik oder Haushaltsführung.

In der gesellschaftlichen Praxis haben sich auch andere Koranstellen ganz konkret auf die Stellung und die Handlungsmöglichkeiten von Frauen ausgewirkt. Als Beispiel sei lediglich auf die Auswirkungen des Erbrechts verwiesen. Im Koran heißt es dazu: „Gott trägt euch im Bezug auf eure Kinder folgendes auf: Einem männlichen Kind steht soviel wie der Anteil von zwei weiblichen zu ...“ (4, 11). Dieser Satz ist insofern bemerkenswert, als in vorislamischer Zeit kein Erbrecht für Frauen bestand. Bis auf den heutigen Tag hat sich diese Koranregelung jedoch nicht ganz durchsetzen lassen. In vielen Teilen der islamischen Welt bleiben Frauen wegen ihres Geschlechts vom Erbe ausgeschlossen. Dies kann grundsätzlich der Fall sein, wie bei großen nomadischen Stammesföderationen im Iran, oder auf bestimmte Erbgüter beschränkt sein. So kann eine Frau in Oberägypten keine Immobilien erben, obwohl es keine entsprechenden Bestimmungen im islamischen Recht oder im westlich geprägten staatlichen Recht des Landes gibt. Vergleichbare

Regelungen kennt das Gewohnheitsrecht auch anderer Teile der islamischen Welt.

Die Koranstelle impliziert, daß Frauen Eigentum besitzen können. Schon die frühislamische Geschichte kennt Frauen, die eigene Handelsgeschäfte betrieben. Die erste Frau Muḥammads, Khadīdja, gehörte zu ihnen. Im islamischen Mittelalter berichtet ein italienischer Reisender mit dem Ausdruck eines gewissen Erstaunens, daß in Ägypten Frauen selbständige Unternehmerinnen sind und sich im Verlauf ihrer Geschäfte und nach deren Erfordernisssen zu den unterschiedlichsten Orten begeben. Aus dem Anatolien des 16. Jahrhunderts liegen zahlreiche Prozeßakten vor, nach denen Frauen um ihr volles Erbe prozessierten und vor Gericht auch obsiegten. Dabei ging es nicht um unbedeutende Erbgüter, sondern um Ladengeschäfte, Mühlen oder Ländereien. Diese Frauen waren offensichtlich in der Lage, diese auch erfolgreich zu betreiben oder zu verwalten. Es erscheint notwendig, auf diese Tatsache hinzuweisen, wenn man bedenkt, daß noch in den 50er Jahren eine Frau in Frankreich kein eigenes Bankkonto führen konnte. Die Tradition weiblicher Unternehmer und Geschäftsleute hat sich bis in die Gegenwart hinein fortgesetzt. Aus dem 19. Jahrhundert wird berichtet, daß in Nordafrika spezielle Frauenmärkte existierten, auf denen Frauen Handelswaren anboten. Dabei handelte es sich nicht nur um frauenspezifische Produkte, sondern um eine breite Palette von unterschiedlichen Produkten. Mit der sich erweiternden Mobilität von Frauen haben sich diese Märkte zu Handelsmöglichkeiten für Waren verändert, die speziell für Frauen von Interesse sind. Dazu gehören Stoffe und Werkzeuge, die für Textilarbeiten notwendig sind, Schmink- und andere Schönheitsmittel, Parfüm, verschiedene Heilmittel und Drogen. Ein derartiger Markt besteht auch heute noch in der syrischen Stadt Hama. Neben diesen traditionellen Frauenmärkten hat sich in der jüngsten Zeit eine andere Form von Märkten speziell für Frauen entwickelt, die sich vor allem in den sogenannten Ölstaaten finden läßt. Hier sind einerseits periodische Märkte entstanden, auf denen ausschließlich Frauen ihre Waren einem gemischten Publikum anbieten. Die Händlerinnen sind bei ihrer Tätigkeit verschleiert. Daneben finden sich moderne Warenhäuser und Supermärkte, deren Management und Personal, aber auch die Kundschaft, ausschließlich aus Frauen besteht. In gleicher Weise finden sich in Saudi-Arabien Frauenbanken, die sicherlich nach dem entsprechenden amerikanischen Vorbild entstanden sind, aber offenbar nicht gegen die strengen Segregationsregeln dieses arabischen Königreichs verstoßen.

Die politische Stellung der Frau

Aus der geschlechtsspezifischen Arbeitsteilung, nach der der Mann für den Außenbereich und die Frau für das Haus zuständig ist, läßt sich leicht erschließen, daß Frauen in der Politik der islamischen Staaten nicht häufig direkt in Erscheinung getreten sind. An sich konnte dem Islam die Situation einer Frau auf dem Herrscherthron nicht fremd sein. Findet sich im Koran doch der Bericht über die Beziehung des Königs Salomon zu der Königin von Saba (27, 22–44), der allerdings zugleich von der Skepsis zeugt, mit der eine Frau auf dem Thron betrachtet wurde. Vollends abgelehnt wird die politisch führende Rolle einer Frau dann in den Prophetentraditionen, wo es heißt: „Wenn Männer den Frauen folgen, sind sie dem Untergang bestimmt." Oder an einer anderen Stelle: „Ein Volk, das seine Angelegenheiten einer Frau überläßt, wird keinen Erfolg haben." Dennoch hat es immer wieder Frauen gegeben, die in spezifischen politischen Situationen offiziell die Geschicke eines islamischen Staates in ihre Hand genommen haben. Weniger bekannt ist die jemenitische Herrscherin, Arwa bint Ahmad (gest. 1138), die mehr als 50 Jahre herrschte. Häufig genannt wird dagegen Schadjarat al-Durr, von der ein syrischer Historiker sagt: „Sie war eine Türkin, die durchtriebenste Frau ihres Zeitalters, die an Schönheit unter den Frauen und an Entschlußkraft unter den Männern ihresgleichen nicht hatte." Am 2. Mai 1250 nahm sie offiziell den Sultanstitel an. Später heiratete sie, wohl aus taktischen Gründen einen Mamlukenemir, der an ihrer Stelle Sultan wurde. Sie war jedoch weiterhin die entscheidende Person in der ägyptischen Politik ihrer Zeit. Mehr als zehn Jahre vor Schadjarat al-Durr herrschte am muslimischen Hof im indischen Delhi ebenfalls eine Frau, Djalalat al-Dīn Radiyya Begum (1236–1240), von der ein zeitgenössischer Historiker schreibt: „Die Sultanin Radiyya war eine bedeutende Herrscherin, scharfsinnig und gerecht, eine Wohltäterin, Mäzenin der Gelehrten, Spenderin der Gerechtigkeit, gut zu ihren Untertanen. Sie hatte militärische Talente und war mit all den bewunderungswürdigen Gaben und Eigenschaften ausgestattet, deren Könige bedürfen." Dann aber fügt er hinzu: „Aber da sie vom Schicksal nicht als Mann erschaffen war, welchen Nutzen hatten da all diese hervorragenden Eigenschaften für sie?"

Diese Haltung gegenüber Frauen in politischen Entscheidungspositionen läßt sich auch noch in modernen Schriften von Muslimen zur Frage der Stellung der Frau wiederfinden. Nach der Ansicht von konservativen Autoren wie dem Gründer der indo-pakistanischen Djama'at-i islami, Abu l-A'laa al-Maududi, stellt das Verhältnis zwischen Mann und Frau eine komplementäre Beziehung dar, bei der der Mann den aktiven und die Frau den passiven Part inne hat. Daher seien politische Herrschaft und Autorität natürliche, von Gott gegebene Aufgaben des Mannes, die den Naturgesetzen gleichgesetzt werden können. Diese Einschätzung hat es nicht verhindern können, daß gerade in den beiden auf dem indischen Subkontinent liegenden Staaten Pakistan und Bangladesch Frauen zu den entscheidenden politischen Persönlichkeiten des jeweiligen Landes geworden sind.

Nach islamischem Recht ist Frauen auch die Ausübung des Richteramtes verwehrt. Hier hatte sich aber schon die mittelalterliche Prozeßpraxis vor islamischen Gerichten mit der Tatsache vertraut machen müssen, daß nicht nur Männer als Kläger oder Beklagte vor dem Qāḍī erschienen. In einer Vielzahl von Fällen waren in solchen Verfahren auch Frauen involviert. In derartigen Fällen konnte der Richter nicht selbst Beweiserhebungen durchführen, da auch er die Segregationsregeln der islamischen Gesellschaft beachten mußte. Daher benötigte das Gericht weibliches Hilfspersonal, das die entsprechenden Untersuchungen durchzuführen hatte.

6. Die islamische Stadt

Der Islam ist in einem städtischen Umfeld entstanden. Von diesem Umfeld ist er in vieler Hinsicht geprägt. Auch wenn heute immer noch eine überwiegende Mehrheit von Muslimen in ländlichen Regionen leben, kann man vom Islam doch als einer städtischen Religion sprechen. Daher ist die Frage danach erlaubt, was eine islamische Stadt ist. Zunächst wird man festhalten können, daß nur dann von einer Stadt gesprochen werden kann, wenn eine gewisse Größe und Einwohnerzahl vorhanden ist. Eine weitere Grundvoraussetzung ist die Existenz einer Freitagsmoschee, in der sich alle Muslime der Stadt zum Gemeinschaftsgebet versammeln. In den rituellen Bereich gehört auch die Existenz eines öffentlichen Bades, ohne welches ebenfalls nicht von einer islamischen Stadt gesprochen werden kann. Ein weiteres Kriterium ist die Anwesenheit der staatlichen Macht, sei es in Form einer entsprechenden Behörde oder des Hofes eines Herrschers oder seines Statthalters.

Kennzeichnend jedoch ist für islamische Städte eine Trennung zwischen den Wohnvierteln und den Vierteln des wirtschaftlichen und politischen Lebens. Die Wohnviertel sind durch eine besondere Anordnung der verschiedenen architektonischen Einheiten gekennzeichnet. Von westlichen Beobachtern wurde sie auf eine mangelnde Bauaufsicht zurückgeführt. In der Tat hat der fremde Besucher bei dem Durchschreiten eines solchen Viertels den Eindruck, daß er Gefahr läuft, sich zu verirren. Immer wieder trifft er auf Sackgassen und es entwickelt sich das beklemmende Gefühl, nie mehr aus dem Gewirr von Gassen und Gäßchen herauszukommen. Verstärkt wird dieser Eindruck durch das häufige Fehlen von Straßennamen oder anderen Hinweisen. Die Architektur der Häuser selbst ist ebenfalls nicht geeignet, sich an Unterscheidungsmerkmalen zu orientieren. Alle haben den gleichen abweisenden Charakter, verfügen kaum über Fenster zur Straße hin und machen häufig einen eher ungepflegten Eindruck. Von diesem Eindruck darf man jedoch nicht auf das Innere der Häuser schließen. Der Zugang zu den Häusern ist im übrigen so angelegt, daß man auch durch eine zufällig geöffnete Haustür keinen Blick in das Innere werfen kann. Dieser Abwehr eines unbefugten Zugangs dient auch das Fehlen der Fenster wie die so verwirrend erscheinende Anordnung des gesamten Viertels. Da sich Männer tagsüber nicht in den Wohnvierteln aufhalten, bewegen sich die Frauen in dieser Zeit sehr viel freier und verlassen das Haus in leichterer Kleidung, häufig ohne Schleier. Der Zutritt von fremden männlichen Personen in das Viertel würde diese Freizügigkeit der Frauen behindern. Durch die Anlage der Viertel wird er entsprechend verhindert. Der Eindruck der mangelnden Pflege der Häuser hat dagegen den Zweck, den Neid von Fremden und die Aufmerksamkeit der staatlichen Institutionen zu vermeiden.

Daneben läßt sich eine Einteilung der Wohnviertel in Quartiere nach verschiedenen Kriterien feststellen. Zu diesen gehört die Religionszugehörigkeit. Es finden sich bis heute die Viertel der religiösen Minderheiten, Juden, Christen, Zoroastrier. Die Unterschiede zwischen den Vierteln waren bis ins 19. Jahrhundert so beträchtlich, daß sich dort spezifische Umgangssprachen wie die jüdisch-arabische von Tunis oder das christlich-arabische von Bagdad entwickeln konnten. Doch auch im Fall der Existenz einer islamischen Sonderform in einer Stadt lebt auch diese in einem speziellen Quartier. So kennt Bagdad Viertel, die vor allem von Schiiten bewohnt werden, oder Algier Quartiere, in denen sich die religiöse Minderheit der Mozabiten konzentriert. Ein anderes Kriterium stellt die ethnische oder nationale Herkunft einer Bevölkerungsgruppe dar. Schon bei der

Gründung der ersten islamischen Städte wie dem im Irak gelegenen Kufa im 8. Jahrhundert wurden die Viertel nach der Zugehörigkeit ihrer Bewohner zu einzelnen Stämmen angeordnet, eine Praxis, die sich bis in die Gegenwart bei der Sedentarisierung von Nomadengruppen gehalten hat. Große Städte wie Bagdad, Beirut oder Damaskus kennen Kurdenviertel und das marokkanische Fes hat ein Andalusierviertel, in dem sich die nach der Reconquista aus Spanien vertriebenen Muslime angesiedelt haben. Aus der räumlichen Nähe und den ethnischen oder religiösen Gemeinsamkeiten ergeben sich häufig auch verwandtschaftlichen Beziehungen, die die Intimität der Wohnviertel noch verstärken.

Auch die Teile der islamischen Stadt, die den gewerblichen Tätigkeiten vorbehalten sind, weisen eine Struktur auf, die trotz des ebenfalls möglichen Eindrucks der Unübersichtlichkeit eine höchst rationale Anordnung haben. Kennzeichnend für das Wirtschaftsleben in der islamische Stadt ist der Basar. Trotz aller Unterschiede findet er sich in allen Regionen der islamischen Welt. Man kann ihn geradezu als einen konstitutiven Teil der islamischen Stadt bezeichnen. In vielen Fällen handelt es sich um große, sich über eine weite Fläche erstreckende, überdachte Bereiche der islamischen Stadt. In seiner Struktur lassen sich zwei Prinzipien feststellen. Das erste ist, daß die Anbieter und/oder Produzenten gleicher oder ähnlicher Waren in unmittelbarer Nachbarschaft zueinander anzutreffen sind. Die Goldhändler finden sich alle in einem bestimmten Bereich des Basars, die Drogisten, die Gemüsehändler, die Schlachter oder die Textilhändler ebenfalls gemeinsam jeweils in einem anderen Teil. Die einzelnen Gewerbe sind in zunftähnlichen Vereinigungen organisiert. Diese Organisationen entscheiden über die Anzahl der Händler oder Produzenten eines Produkts auf dem Basar, aber auch über die Mindestpreise. Durch diese Preisabsprachen soll ein ruinöser Wettbewerb verhindert werden. Diese auf das Warenangebot bezogene Anordnung erlaubt einem Kunden einen leichteren

Überblick über das Warenangebot eines bestimmten Sortiments und die preislichen Verhältnisse. Zugleich können die einzelnen Händler gegenseitig kontrollieren, ob alle sich an die getroffenen Absprachen halten. Das zweite Ordnungsprinzip der Märkte ist eine bestimmte Anordnung der Standorte der einzelnen Branchen. Häufig sind sie ausgerichtet auf eine der Hauptmoscheen der Stadt. Die einzelnen Gruppen sind auch durch ihre Nähe zu diesem Zentrum zu definieren. Das hat bei westlichen Beobachtern zu Interpretationen geführt, die in dieser Standortfrage eine gewisse Rangfolge der einzelnen Handwerke und Handelssparten sehen wollten. Die prestigeträchtigen fänden sich nach dieser Ansicht in unmittelbarer Nähe zur Moschee, während mit wachsender Distanz das Ansehen der Händler und Produzenten abnähme. In der Tat finden sich in der Nähe der Moschee häufig Buch- und Devotionalienhändler, Gold- und Schmuckhändler, Drogisten und Parfümerien. Weiter entfernt sind die verschiedenen Lebensmittelhändler, unter diesen am weitesten von der Moschee entfernt die Metzger. Die Werkstätten von wenig angesehenen Berufen wie denen der Färber und Gerber liegen am äußersten Rand des Basargebiets. Diese Anordnung hat aber weniger mit dem Grad des Prestiges der betreffenden Handelssparten oder Berufe zu tun als vielmehr mit ganz praktischen Erwägungen. Der Standort der Buch- und Devotionalienhändler ist durch handelstechnische Überlegungen bestimmt; denn das Publikum für dererlei Waren ist in der Regel häufiger in der Moschee zu finden, und auf dem Weg dorthin hat der Händler die Möglichkeit, die entsprechenden Kunden anzusprechen. Der Handel mit Edelmetallen und Schmuck ist nicht sehr prestigeträchtig; denn der Islam hat einige Vorbehalte gegen Gold und Silber. Männern ist das Tragen von entsprechendem Schmuck nicht gestattet. Gold- und Silbergefäße und -geräte sollen nicht benutzt werden; auch die Verwendung von Stoffen, in die Gold- oder Silberfäden eingewebt waren, galt als verpönt. Daher gehörten und gehören auch noch heute Gold- und Silberschmiede und die entsprechenden Händler häufig religiösen Minderheiten an, was das Prestige dieser Berufe nicht erhöht. Gegen die Überlegung, daß die Nähe der einzelnen Branchen etwas über deren gesellschaftliches Ansehen aussagt, spricht auch die Tatsache, daß in vielen islamischen Ländern die Beurteilung der einzelnen Berufe variiert. Die räumliche Entfernung eines Gewerbes von der Moschee hängt wohl eher damit zusammen, daß die Grundstoffe und die Endprodukte des jeweiligen Gewerbes mehr oder weniger leicht zu transportieren sind. Das Transportproblem stellt sich jedoch bei der Enge der Gassen und Verbindungswege der Basare für Händler und Kunden täglich aus neue. Am Handwerk der Schreiner, das kein negatives Image hat, läßt sich das verdeutlichen. Man findet deren Betriebe wie auch die der Kupferschmiede in der Regel am Rand des Basarbereichs. Der Standort ist so gewählt, daß der unvermeidliche Lärm und Staub bei den Produktionsprozessen die Umgebung möglichst wenig stört und belastet. Häufig sind die Produkte auch groß und unförmig. Sie durch den engen Basar zu transportieren, ist eine außerordentlich schwierige und zeitraubende Aufgabe, wie jeder weiß, der einmal durch die Basare von Fez oder Aleppo gewandert ist. Das islamische Recht hat sich durchaus dieser und ähnlicher Probleme angenommen. So gibt es auch Vorschriften, wie hoch die Kamine von Bäckereien sein müssen. Man kann geradezu von Emissionsschutzvorschriften sprechen. Derartige Betriebe am Rand der Basarzone zu stationieren, ist eine Entscheidung praktischer Vernunft und nicht Ergebnis theoretischer Überlegungen oder ideologischer Vorurteile. Für die Ordnung auf dem Markt sorgte bis in die jüngste Vergangenheit ein Marktvogt *(muḥtasib)*. Dieses Amt hat durchaus auch religiöse Momente. Die Aufgabe des Amtsinhabers wird damit definiert, daß er ‚das Gute befehlen und das Schlechte verhindern‘ solle. Der Muḥtasib hat nicht nur die Aufgabe, die Qualität der Waren, vor allem die von Lebensmitteln zu kontrollieren und die Korrektheit von Maßen und Gewichten zu prüfen. Er hat auch den Marktfrieden zu sichern und dafür zu sorgen, daß die Schicklichkeit nicht verletzt wird. Er kann Übeltäter auch durch Schläge bestrafen und andere Bußen auferlegen.

7. Islamische Wirtschaft

In den vergangenen Jahren hat sich in der islamischen Welt unter muslimischen Denkern ein Begriff in der Diskussion herausgebildet, der einem fremden Beobachter merkwürdig vorkommen mag, der der islamischen Wirtschaft. Gemeint ist damit ein ökonomisches Handeln, das völlig von der entsprechenden Regeln und Vorschriften des islamischen Rechts bestimmt wird. Dabei steht die Frage der Solidarität mit den Mitmenschen im Vordergrund. Die oberste Maxime wirtschaftlichen Handelns wird von dem folgenden Ausspruch des Propheten Muḥammad hergeleitet: „Wer zu Bett geht und weiß, daß sein Bruder hungert, ist kein Muslim.“ Alle Rechtsquellen stimmen darin überein, daß Privatbesitz mit den Normen des Islams vereinbar ist. Allerdings wird dieser Privatbesitz als eine Form von Lehen oder Leihgabe Gottes an den Menschen betrachtet. Der Mensch sollte mit dieser Leihgabe sorgsam umgehen, sie also nicht verschwenden, sondern möglichst vermehren. Daraus läßt sich zunächst feststellen, daß der Islam wirtschaftlichen Aktivitäten grundsätzlich positiv gegenübersteht. Der Prophet selbst war vor seiner Berufung ein erfolgreicher Händler, der lange Geschäftsreisen unternahm. Auch der Koran macht an verschiedenen Stellen deutlich, daß wirtschaftliche Aktivitäten in einem vernünftigen Ausmaß sich mit dem Willen Gottes in Übereinstimmung befinden. „Und strebe mit dem, was Gott dir zukommen ließ, nach der jenseitigen Wohnstätte, und vergiß auch nicht deinen Anteil am Diesseits ...“ (28, 77). Allerdings sollen über der Arbeit und dem Erwerb des Lebensunterhalts nicht die religiösen Pflichten vergessen werden. „O ihr, die ihr glaubt; wenn am Freitag zum Gebet gerufen wird, dann eilt zum Gedenken Gottes und laßt die Kaufgeschäfte ruhen.

Das ist besser für euch, so ihr Bescheid wißt./ Wenn das Gebet beendet ist, dann breitet euch im Land aus und strebt nach etwas von der Huld Gottes. Und gedenket Gottes viel, auf daß es euch wohl ergehen" (63, 9–10). Einige Kommentatoren verstehen unter der Huld Gottes geradezu den wirtschaftlichen Erfolg. Häufig sind diese und ähnliche Feststellungen verbunden mit der Aufforderung, daß die, die durch die Hilfe Gottes zu Wohlstand gekommen sind, davon den Bedürftigen einen Anteil abgeben sollen. Die Realitätsbezogenheit des Koran wird aber auch in diesem Zusammenhang deutlich, wenn es heißt: „Laß dem Verwandten sein Recht zukommen, ebenso dem Bedürftigen und dem Reisenden, aber handele nicht ganz verschwenderisch./ Diejenigen, die verschwenderisch sind, sind Brüder der Satane; und der Satan ist gegenüber seinem Herrn sehr undankbar" (17, 26–27).

Das islamische Recht betont von diesen Koranstellen ausgehend das Recht auf Privatbesitz, aber auch dessen Sozialverpflichtung. Als besonders unsozial sieht der Koran jede Form von Wucher an. Er wird in ungewöhnlicher Schärfe verurteilt. Dabei hat sich allerdings die Frage entwickelt, was man unter dem im Koran verwendeten Begriff ‚riba', der mit Wucher, aber auch mit Zinsen wiedergegeben wird, genau zu verstehen hat. In einer längeren Diskussion der islamischen Rechtsgelehrten hat sich ergeben, daß darunter jede Form von Zinsen, seien sie auch noch so gering zu verstehen ist. Die entsprechenden Koranstellen lauten: „Diejenigen, die den Zins verzehren, werden nur so aufstehen, wie der aufsteht, den der Satan packt und verprügelt. Dies, weil sie sagen: Das Verkaufen ist gleich dem Zinsnehmen. Aber Gott hat das Verkaufen erlaubt und das Zinsnehmen verboten .... Und wenn ein Schuldner in Bedrängnis ist, dann gewährt ihm Aufschub, bis sich bei ihm Erleichterung einstellt. Daß ihr es ihm aber als Almosen erlaßt, ist besser für euch, so ihr Bescheid wißt./ Und hütet euch vor einem Tag, an dem ihr zu Gott zurückgebracht werdet. Dann wird jeder Seele voll zurückerstattet, was sie erworben hat. Und ihnen wird nicht Unrecht getan" (2, 275–281).

Vergleichbares findet sich an zahlreichen anderen Stellen des heiligen Buches der Muslime. Auch in den Prophetentraditionen lassen sich entsprechende Formulierungen finden. Das islamische Recht wendet sich im übrigen nicht nur gegen die Annahme von Zinsen, sondern auch in gleicher Schärfe gegen deren Zahlung. Begründet wird das Zinsverbot damit, daß Menschen auf diese Weise auf Kosten anderer reich werden. Die gesamte Praxis widerspricht dem fundamentalen islamischen Prinzip der Gerechtigkeit.

Die wirtschaftliche Praxis, wie sie sich vor allem in einem modernen globalen und internationalen Wirtschaftsverbund entwickelt hat, macht die Durchführung und konsequente Anwendung das Zinsverbots allerdings sehr schwierig. Dabei spielt vor allem die Tatsache eine Rolle, daß alle Volkswirtschaften der Welt durch mehr oder weniger hohe Inflationsraten belastet und in ihrer Entwicklung behindert werden. Dies bedeutet zugleich, daß Kapitalvermögen ohne den Ausgleich durch Zinsen ständig an Wert verlieren. Viele islamische Rechtsgelehrte geben ihre Ratlosigkeit in dieser Hinsicht offen zu. Das islamische Recht hat angesichts dieser Tatsache allerdings verschiedene Möglichkeiten entwickelt, um das Zinsverbot in der Praxis zu umgehen. Solche Rechtskniffe werden jedoch von einer Mehrheit von Rechtsgelehrten zumindest als problematisch angesehen Zu solchen Tricks gehört die Praxis, den Begriff ‚Zinsen' zu vermeiden und statt dessen von ‚Kosten' oder ähnlichem zu reden. Allgemein als zulässig wird es angesehen, wenn Kapital in Form von Aktien oder anderen Beteiligungen in Handels- oder Produktionsgesellschaften investiert wird. In einem solchen Fall wird der Investor als Mitinhaber angesehen, der nicht nur die Möglichkeit von Gewinnen hat, sondern auch das Risiko von Verlusten mittragen muß. In Fällen, in denen es sich um Firmen handelt, deren Gewinne zu einem Teil auch aus Zinsgewinnen bestehen, geht das islamische Recht davon aus, daß entsprechenden Investitionen gestattet sind, wenn der überwiegende Teil der Unternehmensgewinne aus anderen geschäftlichen Aktivitäten stammt. Auch Kapitalversicherungen, bei denen effektiv ja auch Zinsgewinne anfallen, werden als erlaubt angesehen.

Nicht in allen Fällen ist es zu vermeiden, daß ein Muslim Zinszahlungen erhält. Es ist in diesem Fall zu fragen, was mit derartigem Geld, das als unrein angesehen wird, zu geschehen hat. Der Rat der islamischen Rechtsgelehrten geht in derartigen Fällen dahin, die entsprechende Summe für caritative Zwecke zu verwenden. Sie darf allerdings nicht im Rahmen des Pflichtalmosens mitberechnet werden. Ein Seitenaspekt des Zinsverbots ist die übliche Praxis, bei Ratenkäufen einen höheren Gesamtpreis zu berechnen als den sonst üblichen Verkaufspreis. In diesem Fall sind sich die Gelehrten nicht einig. Ein Teil sieht in einer solchen Zahlungsform einen Rechtsverstoß, ein anderer hält ihn für erlaubt.

Die Frage nach dem Zinsverbot hat jedoch auch noch einen anderen Aspekt. Vielen islamischen Rechtsgelehrten ist die Tatsache bekannt, daß die wirtschaftlichen und finanziellen Schwierigkeiten einer Vielzahl von Ländern vor allem der Dritten Welt von deren Problemen bei der Rückzahlung von Darlehen und den entsprechenden Zinsen herrühren. Das Wort von der Schuldenkrise der Dritten Welt ist diesen Gelehrten durchaus geläufig. Sie reagieren auf diese Situation mit der Feststellung, daß es bei einer Befolgung des islamischen Zinsverbotes nie zu derartigen Problemen gekommen wäre.

Eine andere häufig auftauchende Frage ist die nach der auch jedem Touristen in einem islamischen Land geläufige Praxis des Feilschen, die dazu führt, daß unterschiedlichen Kunden unterschiedliche Preise abverlangt werden. Um einen Preis zu handeln, wird vom islamischen Recht ausdrücklich als erlaubt angesehen. Der Händler darf sich alle Mühe geben, um einen möglichst großen Profit zu erreichen, wie die Kunde sich seinerseits bemühen sollte, einen Preis zu vereinbaren, der so gering wie möglich sein sollte. Schlecht wäre es, wenn der Händler die mangelnde Kenntnis eines Kunden von der Marktsituation ausnutzt. Dieses Verhalten wird mit Betrug gleichgesetzt. Es sollte in diesem Zusammenhang auch darauf hingewiesen werden, daß der Islam entgegen anderslautenden Behauptungen es einem Muslim auch nicht gestattet, gegenüber Nichtmuslimen ein betrügerisches Verhalten an den Tag zu legen.

Den Rechtsgelehrten ist selbstverständlich die Tatsache bewußt, daß wirtschaftliches Handeln zu unterschiedlichen Interessen und daher zu Konflikten innerhalb der islamischen Gemeinschaft führen kann. Auch die ausführlichsten Rechtsgutachten und sonstigen Anweisungen können hier keine Abhilfe schaffen, da vollkommene Gerechtigkeit dem Menschen nicht möglich ist. So fordern sie in allen Streitfragen die Muslime auf, Konflikte im wirtschaftlichen Bereich in Freundlichkeit und brüderlichem Verständnis beizulegen.

8. Der Islam als politisches System

Der Islam sieht die Offenbarung des Korans als eine perfekte Anleitung nicht nur für ein auf das Jenseits ausgerichtetes Leben an, sondern als ein System, das politische, wirtschaftliche und soziale Ordnungsvorstellungen bereitstellt, mit deren Hilfe auch im Diesseits eine vollkommene Gesellschaft aufgebaut werden kann. Die Vorstellung, daß im Islam Religion und politische Macht ineinsgehen, rührt von dieser optimistischen Grundvorstellung her. Muslime sind fest davon überzeugt, daß es diese Übereinstimmung von Politik und Religion zumindest zur Zeit des Propheten Muḥammad tatsächlich ergeben hat. Der Prophet war ja religiöser und politischer Führer der jungen Gemeinde von Medina. Diese Gemeinschaft war die ideale Gesellschaft. Der Koran sagt dazu: „Ihr seid die beste Gemeinschaft, die je unter den Menschen hervorgebracht worden ist. Ihr gebietet das Rechte und verbietet das Verwerfliche und glaubt an Gott. Würden die Leute des Buches glauben, es wäre besser für sie. Unter ihnen gibt es Gläubige, aber die meisten von ihnen sind Frevler“ (3, 110). Aus diesem Text wird das

Überlegenheitsgefühl der Muslime gegenüber den anderen Offenbarungsreligionen deutlich. Nach islamischer Vorstellung muß sich der wahrhaft islamische Staat durch Gerechtigkeit, Freiheit, Gleichheit, Solidarität und materiellen Wohlstand auszeichnen. In einer nicht-islamischen Gesellschaft herrscht dagegen Tyrannei, Unterdrückung und Armut. Es ist die Aufgabe aller Muslime, für die Verwirklichung der idealen islamischen Gesellschaft zu sorgen. Allerdings waren und sind die Vorstellungen, wie dies geschehen könnte, so zahlreich, wie die muslimischen Denker, die sich zu diesem Thema geäußert haben. Ebenso unterschiedlich war auch die Auffassung, wie eine ideale islamische Gesellschaft im einzelnen beschaffen sein sollte. Immerhin stimmten die verschiedenen Vorstellungen in dem kleinsten gemeinsamen Nenner überein, daß in einem islamischen Staat das islamische Recht gelten müsse. Nach der Überzeugung der islamischen Tradition muß er einen Führer haben. Diese Vorstellung wurde von dem mittelalterlichen islamischen Staatstheoretiker al-Māwardī (975–1058) so begründet: „Gott hat für seine Gemeinde einen Führer bestellt, durch den er das Prophetenamt fortsetzen läßt, die Glaubensgemeinschaft behütet und dem er die Führung der praktischen Regierungsgeschäfte anvertraut, damit die Maßnahmen auf einer von Gott gestifteten Ordnung getroffen würden und in einer Einsicht zusammenfließen, der man folgt." Mit dem Führer ist bei al-Māwardī der Khalif gemeint, dessen Anordnungen aber mit dem islamischen Recht in Übereinstimmung stehen müssen, um für die Muslime einen verbindlichen Charakter zu haben. Diese Form der Führerschaft wird als eine Notwendigkeit angesehen. Sollte es einmal keine derartige Herrscherpersönlichkeit geben, muß diese von einem dazu befähigten Gremium gewählt werden. Dieses Gremium, das als Beratungsversammlung *(shūrā)* bezeichnet wird, wird von manchen islamischen Denkern als demokratisches Gremium betrachtet. Der Herrscher hat nach der Lehre von al-Māwardī zehn Aufgaben zu erfüllen: „1. Er muß die Religion in ihren Prinzipien beschützen und muß bewahren, was der Konsens der Altvorderen geheiligt hat; sollte ein Neuerer auftreten oder jemand hiervon abweichen, hat ihm der Herrscher seine Irrungen zu verdeutlichen, ihn zur Befolgung des Wahren zu ermahnen und ihn gegebenenfalls zu bestrafen, damit die Gemeinde und ihre Ordnung keinen Schaden erleiden. 2. Der Herrscher muß alle Bestimmungen des Gesetzes unter den streitenden Parteien durchsetzen, um jeden Zwist zu ersticken und einen Zustand völliger Rechtssicherheit herbeizuführen. 3. Er hat für die öffentliche Sicherheit im Gebiet des Islam zu sorgen, so daß die Menschen, ohne Übergriffe zu fürchten, Gewerbe und Handel nachgehen können. 4. Der Khalif soll die im Koran vorgeschriebenen Strafen gegen Kapitalverbrechen wie etwa Hochverräter anwenden. 5. Die Grenzen müssen dergestalt befestigt und bemannt sein, daß die Feinde jederzeit abgewehrt werden können. 6. Der Khalif trägt die Verantwortung für den Glaubenskampf *(djihād)*. 7. Der Herrscher muß dafür Sorge tragen, daß die im göttlichen Gesetz festgelegten Steuern und Abgaben eingezogen werden; dies hat ohne die Anwendung von Gewalt zu geschehen. 8. Die Staatseinnahmen müssen zur rechten Zeit in die rechten Hände gelangen. 9. Fähige, zuverlässige und aufrichtige Männer soll der Khalif mit der Verwaltung des Landes betrauen. 10. Er soll jedoch selbst den Gang der Staatsgeschäfte kontrollieren und selbst Nachforschungen anstellen, ob alles seine Richtigkeit hat; die Lenkung des islamischen Staatswesens ist ihm alleine übertragen. Darum darf er sich nicht dem zügellosen Genuß hingeben, wenn er alle Aufgaben delegiert hat. Da eine Person nie in der Lage sein kann, die vielfältigen Aufgaben, die die Leitung des islamischen Staates mit sich bringt, zu erfüllen, sind aus dem Amt und der Autorität des Khalifen alle anderen staatlichen Ämter abgeleitet. Al-Māwardī stellt in diesem Zusammenhang eine Ämterhierarchie unterhalb des Khalifen auf, an deren Spitze der Wezir steht, gefolgt von den Emiren, den Richtern, den Finanzbeamten usw.“ (Nagel)

Lange Zeit blieben die Vorstellungen von der Struktur eines islamischen Staates, wie sie von al-Māwardī entwickelt worden waren, die allgemeine Ansicht der islamischen Staatstheoretiker, obwohl die mit einer Schwächung der islamischen Zentralmacht der 'Abbāsiden in Bagdad (750–1258) einhergehenden Veränderungen Überlegungen hinsichtlich der tatsächlichen Verhältnisse notwendig gemacht hätte. Es entstanden immer mehr von Bagdad faktisch unabhängige Gebiete mit Sultanen und Emiren an der Spitze, die dem Modell von al-Māwardī nicht mehr entsprachen. Dies bedeutete eine Aufsplitterung der islamischen Welt in zahlreiche Staaten, die sich häufig genug bekriegten. Das Ideal der Einheit der islamischen Welt, das al-Māwardī seinen Überlegungen zugrunde gelegt hatte, gab es nicht mehr, wenn es denn je existiert hatte.

Mit der politischen Wirklichkeit in der islamischen Welt setzte sich der nordafrikanische Historiker und Geschichtsphilosoph Ibn Khaldūn (1332–1406) auseinander. Er erkannte zunächst einmal ausdrücklich an, daß der islamische Staat zahlreiche Gemeinsamkeiten und Ähnlichkeiten mit anderen Staaten aufweist. Kühl konstatierte er, daß das Khalifat machtlos war und zahlreiche Herrscher ohne eine entsprechende Legitimation regierten. Daher unterschieden sie sich nur wenig von christlichen oder mongolischen Herrschern. Bemerkenswert aufgeklärt erscheint auch seine Unterscheidung zweier Formen der Herrschaft. Die erste berufe sich auf ein göttliches Gesetz; der Gehorsam der Untertanen wird hier durch den Glauben an eine Vergeltung im Jenseits sichergestellt. Die zweite bezeichnet Ibn Khaldūn als verstandesmäßige Lenkung; die Untertanen akzeptieren sie, weil sie wissen, daß der Herrscher ihren Interessen entsprechend handelt. Für Ibn Khaldūn stellt der islamische Staat, in dem das göttliche Gesetz in Kraft ist, ein nicht erreichbares Ideal dar.

Als dritter der Staatstheoretiker, die auch für gegenwärtige staatstheoretische Überlegungen von Muslimen als prägend bezeichnet werden könnten, ist der Syrer Ibn Taymiyya

(1263–1328) zu nennen. Für ihn stellt die frühislamische Gemeinde die ideale islamische Gemeinschaft dar und ist insofern verbindlich. Die Verbindung von Religion und Staat ist seiner Meinung nach unabdingbar. Ohne Staat besteht kaum eine Möglichkeit, daß die Normen der Religion durchgesetzt werden, ohne Religion ist dagegen zu befürchten, daß Tyrannei und Willkür in der Gesellschaft die Oberhand gewinnen. Hauptaufgabe des Staates ist es nach seiner Meinung, dafür zu sorgen, daß Gerechtigkeit herrscht, daß ‚das Gute gefördert und das Schlechte verhindert wird'. Nur innerhalb eines solchen Staates ist es möglich, daß der von Natur aus schwache Mensch dazu angehalten wird, den Gesetzen Gottes zu folgen. Die Konsequenzen seiner Einschätzung der tatsächlichen politischen Situation seiner Zeit sind nicht ohne individualistische Aspekte. Er ist der Meinung, daß ein Muslim nur Gott und dem Propheten Muḥammad Gehorsam schuldet. Als Mitglied der Gemeinschaft der Gläubigen hat jeder Einzelne die Verpflichtung, aber auch das Recht, seine Glaubensbrüder nach seinen Fähigkeiten zu beraten, auf den rechten Weg zu führen und alles zu vermeiden, was die Gemeinschaft der Muslime schwächen könnte. Dabei kann er sich auf den Prophetenausspruch berufen, daß der Muslim seinen Bruder mit Wahrhaftigkeit und Geduld raten solle. Die Tatsache, daß es verschiedene islamische Staaten gibt, nimmt er als gegeben hin. Ihm geht es um die Einheit der islamischen Gemeinschaft, weniger um ein einheitliches staatliches Gebilde.

Zentrales Problem der islamischen Staatstheorien ist bis heute die Frage nach der Legitimität jeder Herrschaft. Dabei gehen auch moderne islamische Denker davon aus, daß Herrschaft notwendig ist. Anarchistische Vorstellungen von herrschaftsfreien Gesellschaften sind dem Islam fremd. Mittelalterliche sunnitische Denker halten jede Herrschaft für legitim, die für die Durchsetzung des islamischen Rechts sorgt. Andere Auffassungen besagen, daß die Tatsache, daß ein Herrscher die Macht hat, und sei er auch noch so tyrannisch, als Zeichen zu interpretieren ist, daß er mit Gottes

Willen herrscht. Schiiten halten dagegen jede Form der Herrschaftsausübung, die nicht von einer Person aus der Familie des Propheten Muḥammad ausgeht, für illegitim.

Von diesen sunnitischen oder schiitischen Vorstellungen ausgehend ergibt sich die Frage nach der Legitimität einer Herrschaft in einem modernen Staat, in dem Muslime die Mehrheit der Bevölkerung bilden. Wann und unter welchen Bedingungen kann es einem Muslim noch möglich sein, in einem Staat ein dem Islam gemäßes Leben zu führen, ist die Frage, die seit den fünfziger Jahren in vielen islamischen Ländern gestellt wird. Diese Frage ergibt sich vor dem Hintergrund sozialer und wirtschaftlicher Spannungen und Konflikte, die mit dem Islam nichts zu tun haben, für die er aber als Lösung angesehen wird. „Der Islam ist die Lösung", war und ist der Slogan, den Unzufriedene in den verschiedensten Teilen der islamischen Welt verbreiten. Diese Losung kann geradezu als Zauberwort vieler bezeichnet werden, die mit den politischen und wirtschaftlichen Verhältnissen in ihren Ländern nicht einverstanden sind. Für sie ist die Gesellschaft und die wirtschaftlichen Verhältnisse, wie sie in der Zeit des Propheten in Medina anzutreffen waren, die ideale Gesellschaft, der nachzustreben das immerwährende Ziel aller Muslime sein sollte. Wir haben es mit einer rückwärts gewandten Utopie zu tun, die auf die religiösen, staatlichen, wirtschaftlichen, sozialen und kulturellen Verhältnisse in Medina ausgerichtet sind. Dabei steht nicht zuletzt das Vorbild des Propheten im Vordergrund. So wie Muḥammad seine heidnische Vaterstadt Mekka verlassen hat, um in Medina den wahren islamischen Staat aufzubauen, so haben sich ägyptische Anhänger entsprechender Vorstellungen in den siebziger Jahren in Wüstengebiete zurückgezogen und dort in kleinen Gemeinschaften versucht, ihr Ideal vom islamischen Staat zu realisieren. Sie sahen Ägypten als einen heidnischen Staat an und bekämpften ihn, wie Muḥammad die heidnische Stadt Mekka bekämpft hatte, wenn auch mit modernen Waffen. Vergleichbares in Argumentation und Praxis finden wir auch in der algerischen Situation der neunziger Jahre. Daneben stehen eher quietistische Gruppen, die von gewaltsamen Aktionen nichts halten, einen Staat wie Ägypten jedoch in seiner gegenwärtigen Form ebenso kompromißlos ablehnen wie die häufig jüngeren aktivistischen Radikalen. In ihrer Ablehnung des säkularen Staates sind sie jedoch ebenso konsequent. Sie verweigern den Schulbesuch ihrer Kinder, lehnen es ab, Steuern zu zahlen oder Sozialhilfe vom Staat zu erhalten, und nehmen in jeder Hinsicht eine Verweigerungshaltung gegenüber jeder Form von staatlichen Institutionen ein. Beide Formen dieses islamischen Radikalismus zeichnen sich durch die Ausschließlichkeit, mit der sie dem Islam einen Absolutheitscharakter zumessen, durch eine konsequente Ablehnung des Westens und durch streng autoritative Organisationsformen aus.

Viel von dem, was im Westen als islamisch-fundamentalistisch bezeichnet wird, könnte jedoch in gleicher Weise als modernistisch aufgefaßt werden, wenngleich die Bedeutung des Korans und des Vorbildes des Propheten stets im Vordergrund steht. Diese Feststellung läßt sich aus der Entstehungsgeschichte radikaler islamischer Bewegungen verstehen. An ihrem Beginn stehen zwei bedeutende Persönlichkeiten der modernen islamischen Religionsgeschichte, nämlich Djamāl al-Dīn al-Afghānī (1839–1897) und Muḥammad 'Abduh (1849–1905). Beide führten die Schwäche der islamischen Welt im Zeitalter des europäischen Kolonialismus einerseits auf die politische Zersplitterung der islamischen Welt, andererseits aber auf die Abkehr der Muslime vom wahren Islam zurück. In der Tat hatte sich das intellektuelle Leben in der islamischen Welt, das noch im Mittelalter dem des christlichen Abendlandes weit überlegen gewesen war, seit etwa dem 16. Jahrhundert kaum noch entwickelt. Das scholastische Denksystem des Islams erschöpfte sich nur noch in der Wiederholung, Kommentierung, Erklärung und Zusammenfassung älterer Werke bedeutender Gelehrter der islamischen Geistesgeschichte. Al-Afghānī und 'Abduh gewannen den Eindruck, daß der Koran als wichtigste Quelle des islamischen Lebens mehr und mehr aus dem Zentrum der Aufmerksamkeit der Muslime gerückt und an seine Stelle die sterilen Betrachtungen ganzer Generationen von realitätsfernen Rechtsgelehrten getreten seien. Die Rückkehr zum Koran als dem Fundament des Islams wurde von ihnen als erster Schritt zur Gesundung der islamischen Welt angesehen. Diese Wiederentdeckung ging mit einer modernistischen Interpretation des heiligen Buches der Muslime einher. Bei den verschiedensten Themen, die im Koran angesprochen werden, fand Muḥammad 'Abduh Bezüge zur modernen Welt. Djinnen (Wesen aus Feuer), von denen der Koran spricht, wurden in dieser Interpretation zu Bazillen. Auch die Kernspaltung oder die Bewegung der Erde um die Sonne wurde in den Koran hineingelesen. Die Entdeckung dieser modernen Phänomene im Koran wurden als Beweis dafür genommen, daß der Koran das Buch sei, mit dessen Hilfe alle sozialen, wirtschaftlichen und politischen Schwierigkeiten der islamischen Welt einer Lösung zugeführt werden könnten. Der Satz: „Der Islam ist die Lösung", wurde in diesem Kontext zuerst formuliert. Aus dieser Tradition heraus ist es verständlich, daß Muslime heute keine Probleme mit jeder neuen naturwissenschaftlichen, technischen oder medizinischen Entwicklung haben. Sie sind in der Lage, Organverpflanzungen, In-vitro-Fertilisation oder die Verwendung künstlicher Organe auch unter religiösen Gesichtspunkten zu akzeptieren.

Das gesellschaftliche Modell, das al-Afghānī und 'Abduh propagierten, bezog sich stets auf die Gesamtheit der islamischen Gemeinde. Die beiden Reformer versuchten, ihre Vorstellungen von einer starken und selbstbewußten islamischen Gemeinschaft durch die Erziehung der Muslime, und nicht durch einen direkten Eingriff in politische Prozesse zu erreichen. Muḥammad 'Abduh schrieb einmal: „Gott bewahre mich vor der Politik, vor dem Wort Politik und vor dem Inhalt Politik, vor jedem Wort, mit dem das Wort Politik ausgesprochen wird, vor jeder Einbildung, die mich aus der Politik befällt, vor jedem Ort, in dem Politik erwähnt wird, vor jedem Menschen, der in der Politik redet, lernt, wahnsinnig wird oder denkt, und vor dem, der geherrscht hat oder herrscht, der herrschend ist oder beherrscht wird." Diese Haltung ist angesichts der Kolonialsituation, in der sich nahezu die gesamte islamische Welt zu jener Zeit befand, verständlich. Jedoch konnte das geplante Erziehungswerk nicht im politikfreien Raum realisiert werden. Daß die Verweigerung der Politik und der Politiker seiner Zeit hochpolitisch war, war Muḥammad 'Abduh durchaus bewußt. Der staatlichen Einheit, die die Reformer erhofften und erträumten, mußte die religiöse Einheit vorausgehen. Die Trennung des Islams in eine sunnitische Mehrheit und eine schiitische Minderheit war daher besonders schmerzlich für sie. Die verschiedenen regionalen Sonderformen des Islams und die verschiedenen Spielarten islamischer Volksfrömmigkeit und der islamischen Mystik bekämpften sie mit allen ihnen zu Gebot stehenden Mitteln. Hier konnten al-Afghānī und 'Abduh auch ihre größten Erfolge erzielen. Allerdings darf die lebhafte Aufmerksamkeit, mit der im Westen die verschiedenen Formen des islamischen Radikalismus beobachtet werden, nicht die Tatsache übersehen lassen, daß auch heute noch in allen Regionen der islamischen Welt, in den Städten wie auf dem Land und nicht zuletzt unter muslimischen Arbeitsmigranten in Europa der Einfluß des Volksislams mit seinen magischen und exorzistischen Praktiken von Bedeutung ist.

Die Forderungen von al-Afghānī und 'Abduh nach der staatlichen Einheit der islamischen Welt wurden von dem osmanischen Sultan Abdulhamid (1876–1909) aufgegriffen, der die panislamischen Vorstellungen der Reformer gegen seine äußeren und inneren Feinde nutzen wollte. In den Kolonialverwaltungen und in der Öffentlichkeit der westlichen Kolonialmächte spielte der Panislamismus damals etwa die Rolle, die heute der islamische Fundamentalismus innehat. Die Furcht vor einem einheitlichen Islam war beträchtlich und wurde nicht zu Unrecht als eine direkte Bedrohung der kolonialen Vorherrschaft westlicher Mächte verstanden. Zu einem einheitlichen islamischen Staat ist es bisher noch nicht gekommen. Eine solche Entwicklung ist auch angesichts der beträchtlichen gesellschaftlichen, wirtschaftlichen und politischen Unterschiede zwischen den einzelnen islamischen Staaten nicht zu erwarten. Mit der ‚Islamischen Weltliga' und der ‚Konferenz islamischer Staaten' existieren jedoch Institutionen, die die Aufgabe haben, ein einheitliches politisches und kulturelles Erscheinungsbild der islamischen Welt zu gewährleisten.

XI

Islamische Heterodoxien: Sunniten und Schiiten

Keine der großen Weltreligionen ist im Verlauf ihrer Geschichte von internen Auseinandersetzungen dogmatischer Art oder in bezug auf die Formen ihrer Rituale verschont geblieben, die zu Konflikten und schließlich zu Spaltungen geführt haben. Auch mit dem Islam verhält es sich in dieser Hinsicht nicht anders. Allerdings hat es die Einfachheit des islamischen Dogmas und seiner Rituale mit sich gebracht, daß heterodoxe Vorstellungen nur sehr schwer entstehen konnten. Unter dem islamischen Glaubensbekenntnis lassen sich sehr unterschiedliche Praktiken und Vorstellungen subsumieren, die sich erheblich voneinander unterscheiden, ohne daß sie als Verstöße gegen die Grundtatsachen des islamischen Glaubens angesehen werden können. Die verschiedenen sunnitischen Rechtsschulen haben sich trotz mancher Streitigkeiten stets gegenseitig anerkannt und Sonderformen werden von der islamischen Mehrheit so lange toleriert, wie die Grundlagen des Islams, der Glaube an die Einheit Gottes und die Prophetenschaft Muḥammads nicht in Frage gestellt werden. Diese Tatsache läßt den Islam als ausgesprochen einheitlich und kompakt nach außen erscheinen und trägt sicherlich auch zu seinen aktuellen Missionierungserfolgen in vielen Regionen der Welt bei.

Dennoch haben sich im Verlauf der islamischen Religionsgeschichte Spaltungen ergeben, die von einiger Bedeutung und verschiedenen Konsequenzen für den Islam selbst angesehen werden müssen. Betrachtet man die heterodoxen Formen des Islams und seine verschiedenen Sonderformen unter quantitativen Gesichtspunkten, muß man allerdings feststellen, daß sich die bei weitem überwiegende Mehrheit der Muslime zur großen Gruppe der Sunniten zählt. Der prozentuale Anteil der Nicht-Sunniten an der Weltmuslimbevölkerung beträgt schätzungsweise nicht mehr als 10 Prozent. Da diese islamischen Minderheiten jedoch entweder in besonderen geographischen Konzentrationen zu finden sind und daher die Geschichte, Kultur, Politik und Wirtschaft wichtiger islamischer Länder mitbestimmen oder aus besonderen sozialen oder wirtschaftlichen Gruppierungen bestehen, die für das Bild islamischer Gesellschaften von Bedeutung sind, ist ihre Beschreibung sicherlich für die Vollständigkeit einer Darstellung der islamischen Welt wichtig.

Die Schiiten

Die heute wichtigste und zahlenmäßig stärkste aus sunnitischer Sicht heterodoxe islamische Gruppierung ist die der Schia. Ihr Ursprung geht auf die Frühzeit des Islams zurück. Der Tod des Propheten Muḥammads im Jahre 632 hinterließ nicht nur in religiöser Sicht, sondern auch in politischer Sicht ein Vakuum. Eine Nachfolgeregelung war nicht getroffen worden. Es entwickelte sich in der Folgezeit eine Auseinandersetzung um die Führung der jungen islamischen Gemeinde und des Staates. Söhne hatte der Prophet nicht hinterlassen, so daß eine dynastische Erbfolge zunächst nicht in Frage kam. In der sich ergebenden vor allem politischen Auseinandersetzung stand auf der einen Seite eine sehr kleine Gruppe, die den Cousin und Schwiegersohn des Propheten, 'Alī ibn Abī Ṭālib, als Khalifen an der Spitze der Gemeinde sehen wollte. Die Tatsache, daß es sich nur um eine geringe Anzahl von Unterstützern für 'Alī handelte, hat der Schia auch ihren Namen gegeben. Das Wort hat die Bedeutung ‚Partei'. Eine andere Gruppe favorisierte einen der ältesten Anhänger des Propheten, Abū Bakr, der zugleich sein Schwiegervater war. Letzterer konnte sich durchsetzen und wurde der erste der sogenannten vier ‚rechtgeleiteten' Khalifen. 'Alī selbst mußte bis 656 warten, ehe er die Leitung der islamischen Gemeinschaft übernehmen konnte. Seine Herrschaft in einem Reich, das sich unter der tatkräftigen Führung des Khalifen 'Umar (634–644) in einem erstaunlichen Maße ausgebreitet hatte, war von Anfang an umstritten. Die Gouverneursfamilie der Umayyaden von Damaskus machte ihm die Herrschaft streitig. Nach mehreren militärischen Auseinandersetzungen konnten sie sich durchsetzen und die erste islamische Dynastie, die der Khalifen von Damaskus (661–750), etablieren. In der Folgezeit wurde die islamische Geschichte durch Sunniten dominiert. Allerdings bezeichnen auch sie die aus diesen Vorgängen resultierende Spaltung der islamischen Welt als ‚große Heimsuchung' *(al-fitna al-kubrā)* oder als eine offene Wunde.

Die Schiiten haben diese historische Tatsache nie akzeptiert und für den Anspruch 'Alīs und seiner Nachkommen auf die Führung innerhalb des Islams verschiedene Argumente vorgetragen, die bis heute von ihnen als unumstößliche Belege für den rechtmäßigen Führungsanspruch der Aliden angesehen werden. Aus der vielfältigen Diskussion sei nur die Episode vom ‚Teich von Khumm' *(ghadīr al-khumm)* erwähnt. Auf der Rückkehr von seiner Abschiedswallfahrt nach Medina hat der Prophet bei diesem Teich nach schiitischer Tradition gesagt: „Der, dessen Herr ich bin, dessen Herr ist auch 'Alī." Zum Gedenken an diese Einsetzung 'Alīs feiern die Schiiten diesen Tag bis auf den heutigen Tag. In Iran gilt er als offizieller Feiertag. Mag man den Vorgang noch als eine politische Nachfolgeregelung interpretieren, so ist ein anderer Prophetenausspruch im Bezug auf 'Alī eindeutig religiösen Charakters: „O ihr Menschen, ich hinterlasse euch zwei Kleinodien; an sie haltet euch. Dann werdet ihr nach meinem Tod nicht irregehen: das Buch Gottes und meine Nachkommenschaft, die Familie des Hauses *(ahl al-bait)*." Aus dieser und ähnlichen Traditionen hat sich in einem längeren, komplizierten Prozeß bei den Schiiten die Vorstellung entwickelt, daß der Gläubige der Führung 'Alīs oder seiner Nachfolger, die als Imame bezeichnet werden, bedarf, wenn er den Willen Gottes zweifelsfrei erfüllen will. So wird das islamische Dogma von der Einheit Gottes und der Prophetenschaft Muḥammads um die Vermittlungsfunktion der Imame erweitert. So lautet denn auch das sich im Gebetsruf manifestierende schiitische Glaubensbekenntnis: „Es gibt keinen Gott außer Gott, Muḥammad ist der Gesandte Gottes, 'Alī ist der Freund Gottes."

Ein anderer ebenfalls politischer Vorgang hat die Vorstellungen und Überzeugungen der Schiiten in vergleichbarer Weise geprägt, die Ereignisse von Kerbela. In der Nähe dieser südirakischen Stadt starb im Jahre 680 der Ḥusain, der Enkel des Propheten Muḥammad. Er war auf dem Weg in das nahe gelegene Kufa, wo sich die Bevölkerung gegen die Umayyadenherrschaft aufgelehnt hatte und ihn als legitimen Herrscher betrachtete. Noch ehe Ḥusain und seine Begleitung das Zweistromland erreicht hatten, war der Aufstand zusammengebrochen. Der Prophetenenkel und seine Bedeckung wurden von umayyadischen Truppen gestellt und in einem Scharmützel aufgerieben. Die schiitische Tradition hat diese Ereignisse zu einer der größten Schlachten der Menschheitsgeschichte stilisiert. Jahr für Jahr erinnern sich in den ersten Tagen des islamischen Monats Muḥarram die Schiiten des Kampfes und des Todes von Ḥusain in umfangreichen Trauerritualen. Sie veranstalten Passionsspiele und Umzüge, bei denen die Ereignisse von Kerbela szenisch dargestellt werden. Besonders spektakulär sind auch die Umzüge von Geißlern und anderen Flagellanten. Letzteres hat mit der Entwicklung religiöser Vorstellungen zu tun, die dem Islam zunächst nicht näher vertraut sind, der des Sühnopfers. Nach schiitischer Überzeugung wußte Ḥusain durch verschiedene Warnungen, die er durch Gottes Willen erhalten hatte, von dem ihn erwartenden Schicksal. Er hatte die Wahl, sich diesem zu entziehen. Er wählte jedoch das Martyrium, um auf diese Weise die Sünden der Menschen zu sühnen. Diese Interpretation der Ereignisse von Kerbela hat eine besondere Betonung des Martyriums und eine gewisse Blutmystik in der schiitischen Glaubenspraxis zur Folge gehabt, die bis heute ihre Wirkung nicht verloren haben.

Die Frage, wer als Imam anzusehen ist, hat unter den Anhängern dieser Vorstellungen zu erheblichen Auseinandersetzungen geführt, die in verschiedenen Spaltungen resultierten. Je nachdem, welchen Imam sie als den letzten anerkennen, werden sie als Fünfer-, Siebener- und Zwölferschiiten bezeichnet. Letztere stellen heute die dominierende Form des schiitischen Islams dar. Gleichgültig in welcher Gruppierung, bricht mit einem bestimmten Imam die Kette der für den schiitischen Gläubigen für sein Seelenheil unabdingbaren Autoritäten ab. Bei den Zwölferschiiten geschieht dies mit dem 12. Imam, Muḥammad al-Mahdī, im Jahre 874. Die Anhänger der Schia interpretierten diesen Abbruch jedoch lediglich als eine Entrückung. In der ‚Verborgenheit' lebt nach dieser Auffassung der Imam weiter und lenkt die Gemeinschaft seiner Anhänger. Sie sind zutiefst davon überzeugt, daß er vor dem Ende der Zeiten als Messias wieder auf die Erde zurückkehren wird, um ein Tausendjähriges Reich des Friedens und der Gerechtigkeit zu errichten. Erst danach wird der Jüngste Tag eintreten.

Derartige Heilserwartungen sind nicht auf die schiitische Welt beschränkt. Auch die Sunniten erhoffen die Ankunft des Messias (al-Mahdī). Einige der bedeutendsten Mahdī-Bewegungen in der jüngeren Vergangenheit, z. B. im Sudan, in Nordnigeria im 19. Jahrhundert, oder auch die mit der Besetzung der großen Moschee in Mekka verbundene Mahdī-Erhebung von 1978/9 fanden in einem sunnitischen Kontext statt. Doch stellen sich die schiitischen Heilserwartungen um vieles drängender und leidenschaftlicher dar, als das bei den Sunniten der Fall ist. Sie werden durch die vielfältige und häufige Bezugnahmen auch im täglichen Leben wachgehalten. So enthielten bisher alle iranischen Verfassungen die Vorbemerkung, daß sie nur so lange in Kraft blieben, bis der ‚Herr der Zeiten', also der Mahdī wieder erscheine.

Das Verschwinden des letzten Imam brachte für die Anhänger schiitischer Vorstellungen eine sehr entscheidende Schwierigkeit mit sich. Sie waren nun in der religiösen Praxis und für ihr ethisches Verhalten seiner Führung ledig. Diese ist jedoch für ihr Seelenheil unabdingbar. In einem lange andauernden und komplexen Vorgang traten an die Stelle des Imam bei der Rechtleitung der Gläubigen die islamischen Gelehrten, die die Fähigkeit zum Idjtihād erlangt hatten. Idjtihād ist das Prinzip selbständiger, rationaler wissenschaftlicher Entscheidung in Fragen des islamischen Rechts und der islamischen Theologie. Dieses Prinzip, das auch in der sunnitischen Rechts- und Religionsgeschichte von großer Bedeutung ist und für eine ständige Weiterentwicklung islamischen Denkens verantwortlich ist, ist für die Entwicklung eines geschlossenen und gesellschaftlich relevanten theologischen und ethischen Systems in der Schia von entscheidender Bedeutung. Die Fähigkeit zum Itdjtihād erwirbt man durch ein langes, intensives und alle Bereiche der islamischen Wissenschaften umfassendes Studium. Nach allgemeiner Auffassung sind nur wenige Menschen dazu intellektuell in der Lage, diese Fähigkeit zu erlangen. Durch ihre wissenschaftliche Kompetenz erlangen sie eine beträchtliche Autorität. Im sunnitischen Islam können sich Gläubige in religiösen oder ethischen Fragen, in denen sie unsicher sind, an einen zum Itdjtihād fähigen Gelehrten wenden, der ihnen eine entsprechende Antwort gibt. Sunniten sind jedoch nicht gezwungen, diese Antwort als verbindlich zu betrachten. Sie müssen sich nicht an die mit ihr verbundenen Konsequenzen halten und können unter Umständen einen anderen Gelehrten mit der gleichen Frage um Rat bitten. Schiiten dagegen müssen sich der Führung eines Rechtsgelehrten anvertrauen. Wenn sie sich einmal der Autorität eines Mudjtahid, also eines zum Idjtihād fähigen Mannes, unterstellt haben, müssen sie für die Zukunft zu dessen Lebzeiten auch all die Entscheidungen für sich als verbindlich ansehen, die er getroffen hat, ohne von ihnen danach gefragt worden zu sein. Da aber die Rechtsgelehrten im Verlauf ihres Lebens ebenfalls in einem entsprechenden Abhängigkeitsverhältnis zu einem anderen Rechtsgelehrten stehen oder gestanden haben und diese wiederum von anderen, entsteht eine hierarchische Struktur, die manche Religionswissenschaftler nicht zu Unrecht als ‚Klerus' bezeichnet haben. An der Spitze dieser Struktur steht der Mardja' al-Taqlīd (oberste Autorität der Nachahmung), der als entscheidende Autorität im schiitischen Islam angesehen werden muß. Um diese Position konkurrieren die verschiedenen bedeutenden Rechtsgelehrten. Es hat sich jedoch keine festgelegte Prozedur zur Bestimmung des Mardja' al-Taqlīd entwickelt. Im Grunde handelt es sich um ein quantitatives Verfahren, bei dem der als Inhaber dieser Position angesehen wird, der die meisten Anhänger hat. Diese Anhängerschaft vollzieht sich zwar durch den Willensakt des einzelnen Gläubigen, sie wird jedoch nicht unbedingt durch ein äußeres Zeichen kenntlich gemacht. Kriterien für die Wahl sind vor allem Gelehrsamkeit, aber auch persönliche Frömmigkeit und vorbildliche Lebensführung. In der Regel erhält der Rechtsgelehrte von seinen Anhängern jährlich eine Abgabe, den Khums (Fünftel), durch die diese Abhängigkeit dokumentiert wird. Diese Mittel können zum Unterhalt des Gelehrten und seiner Schüler und zur Finanzierung von Schulen und karitativen Einrichtungen verwendet werden. Wenn jemand zur Zahlung aus finanziellen Gründen jedoch nicht in der Lage ist, kann er sich dennoch als Anhänger eines bestimmten Gelehrten betrachten. Angesichts dieser Unklarheit läßt sich festhalten, daß häufig verschiedene Gelehrte als Mardja' angesehen werden. In einem informellen, amorphen und unter Umständen mehrere Jahre, sogar Jahrzehnte andauernden Prozeß bleibt schließlich einer als oberster Rechtsgelehrter übrig. In der Regel handelt es dann um eine Persönlichkeit fortgeschrittenen Alters. Der letzte, im Jahre 1991 verstorbene Mardja' al-Taqlīd, al-Khoi, war über 90 Jahre alt. Seither hat sich noch kein schiitischer Rechtsgelehrter als neue höchste Autorität herausgestellt. Alle Versuche, die Bestimmung des Mardja' al-Taqlīd zu strukturieren und damit auch zu beschleunigen, sind bisher gescheitert.

Die große Bedeutung, die die schiitischen Religionsgelehrten erlangt haben, konnte sich nur ergeben, weil sich spätestens seit dem 13. Jahrhundert eine hoch entwickelte schiitische Gelehrsamkeit herausgebildethatte, die schon früh über ein exemplarisches Curriculum verfügte. Neben den traditionellen islamischen Wissenschaften von Koran, Traditionen, islamischem Recht etc. stand und steht die formale Logik im Zentrum der Ausbildung. Was es bis heute nicht gibt, ist eine zeitlich festgelegte Studiendauer und Prüfungen oder andere formale Abschlüsse. Wenn ein Lehrer der Meinung ist, daß einer seiner Studenten nach seinen Fähigkeiten Wissen erworben hat, kann er ihn mit einem entsprechenden Schriftstück versehen und ihm eine angemessene Anstellung verschaffen. Wenn der Lehrer der Meinung ist, daß ein Student noch tiefer in die Materie seiner Studien einzudringen in der Lage ist, kann er ihn zu weitergehenden Studien animieren, ihm Anfänger zum Unterricht anvertrauen und ihn so als seinen Nachfolger aufbauen. Zwischen den bedeutenden Religionsgelehrten bestehen häufig verwandtschaftliche Beziehungen und im Laufe der Zeit haben sich Gelehrtenfamilien herausgebildet, die über die gesamte schiitische Welt verteilt sind. Man kann geradezu von Netzwerken sprechen. Auch diese Tatsache trägt zur wirtschaftlichen und politischen Unabhängigkeit der schiitischen Gelehrten bei. Die Ausbildung der Religionsgelehrten ist im übrigen von einer erstaunlichen inhaltlichen Flexibilität gekennzeichnet. So wurden in den bedeutenden Stätten schiitischer Gelehrsamkeit von Nadjaf und Kerbela schon zu Beginn dieses Jahrhunderts Fächer wie Geographie oder europäische Fremdsprachen eingeführt. Nach dem Erfolg der Islamischen Revolution in Iran wurden die angehenden Religionsgelehrten in den verschiedenen Seminaren von Qom oder Maschhad mit modernen Wissenschaften wie Soziologie, Politologie, Psychologie oder den verschiedenen Zweigen der Wirtschaftswissenschaften bekannt gemacht.

Die große Autorität, über die ein bedeutender schiitischer Rechtsgelehrter, vor allem aber der Mardja' al-Taqlīd verfügt, hat nicht nur religiöse, sondern auch und vor allem politische Implikationen. Religionsgelehrte haben durch Rechtsgutachten immer wieder in politische Entwicklungen eingegriffen, wenn sie den Islam im allgemeinen, oder die Schia im besonderen in Gefahr sahen. Allerdings zogen sie sich, von der Ausnahme des bekannten Revolutionsführers Ayatollah Khomeini abgesehen, alsbald wieder aus der tagespolitischen Arena zurück, weil ihnen alle weltliche Macht in der Zeit der Abwesenheit des 12. Imams als illegitim erscheint.

Wie schon festgestellt worden ist, erkennen sich Sunniten und Schiiten gegenseitig als Muslime an. Im Bereich der Glaubenspflichten und der damit verbundenen Rituale finden sich nur wenige Unterschiede. Spezifisch schiitisch sind die umfangreichen Trauerrituale, die an das Martyrium Ḥusains erinnern. Auch der zahlreichen anderen Märtyrer der schiitischen Religionsgeschichte und ihrer Familien wird immer wieder gedacht. Im Zusammenhang damit hat sich ein ausgeprägter Heiligen- und Gräberkult entwickelt, der mit einem lebhaften Wallfahrtswesen einhergeht. Dabei ist festzuhalten, daß die Mehrzahl der großen Gedenkstätten der schiitischen Imame sich im heutigen Irak befinden. Hauptorte der schiitischen Verehrungspraxis sind die Städte Kerbela, Nadjaf, Kazimiyya und Samarra. Trotz der offiziellen gegenseitigen Akzeptanz hat es von sunnitischer Seite häufig eine anti-schiitische Polemik gegeben, die von der anderen Seite auch erwidert wurde. Diese Polemik richtet sich auf zwei spezifisch schiitische Praktiken, die von den Sunniten abgelehnt werden. Bei der ersten handelt es sich um die sogenannte *Taqīya.* Es ist die Möglichkeit, daß ein Schiit seinen Glauben in der Öffentlichkeit und der religiösen Praxis verleugnen kann, wenn er anderweitig eine Gefahr für sein Leben heraufbeschwören würde. Diese Regelung steht in einem seltsamen Spannungsverhältnis zu dem Märtyrerkult der Schiiten. Diese Spannung läßt sich dergestalt auflösen, daß die frühen schiitischen Autoritäten vermeiden wollten, daß durch eine zu lebhafte Todesbegeisterung die zahlenmäßig verhältnismäßig geringe Zahl der Anhänger der Schia noch weiter absinken würde. Der andere Unterschied bezieht sich auf das Eherecht. Nach sunnitischem Recht ist eine Ehe auf Dauer angelegt, auch wenn eine Scheidung verhältnismäßig leicht zu erreichen ist. Das schiitische Recht kennt dagegen eine Eheform, nach der schon bei der Eheschließung deren Dauer festgelegt wird. Die Zeitspanne kann zwischen wenigen Stunden und 99 Jahren betragen. Diese Ehe wird als Zeit-Ehe bezeichnet. Sunnitische Kritiker verstehen sie als eine legalisierte Form der Prostitution. Schiitische Gelehrte verteidigen sie als eine Möglichkeit, bei längerer Abwesenheit von der Familie die Sünde der Unzucht zu vermeiden.

In den Blickpunkt der Weltöffentlichkeit ist die schiitische Form des Islams vor allem durch die Islamische Revolution in Iran von 1979 unter dem Revolutionsführer Ayatollah Khomeini gelangt. Seit 1501 ist die Schia Staatsreligion im Iran. Hier lebt heute die Majorität der schiitischen Muslime. Andere wichtige Siedlungsgebiete sind der südliche Irak, Libanon, Nordindien und Pakistan. Der Iran wurde von den Schiiten als Heimstatt ihrer Religion angesehen. Immer wenn sie fürchteten, daß das Land seinen spezifisch schiitischen Charakter zu verlieren drohe, griffen die Rechtsgelehrten erfolgreich in die Politik des Landes ein. Als besonders eindrückliches Beispiel sei hier der sogenannte Tabakprotest (1890–1892) angeführt. Unter der Herrschaft der Dynastie der Qadjaren (1721–1924) war es im 19. Jahrhundert zu einer immer stärkeren wirtschaftlichen und politischen Durchdringung des Iran durch westliche Mächte gekommen. Die politischen Handlungsspielräume der Dynastie wurden immer stärker eingeschränkt und aus der Sicht der schiitischen Gelehrten drohte der Iran seinen schiitischen Charakter zu verlieren. Anlaß des Eingreifens war dann das sogenannte Tabak-Monopol. Der iranische Staat hatte zur Deckung und Sicherung seiner hohen Auslandsschulden zunächst seine Einkünfte aus Steuern und Zöllen verpfändet. Als diese nicht mehr ausreichten, kam man überein, daß eine britisch-belgische Investorengruppe Anbau, Produktion und Vertrieb aller iranischen Tabakerzeugnisse in ihre Regie übernehmen sollte. Daraufhin erließ der außerhalb der iranischen Einflußsphäre in Mesopotamien lebende Mardja' al-Taqlīd ein Rechtsgutachten, in dem er feststellte, daß jeder Schiit, der in Zukunft in irgendeiner Weise mit Tabak zu tun hätte oder ihn in jedweder Form konsumiere, als Apostat betrachtet werden müsse. Kaum war dieses Gutachten in Iran bekannt geworden, verzichteten alle Gläubigen auf das Rauchen und stellten die Arbeit im Zusammenhang mit dem Tabak ein. Dieser Streik war so effektiv, daß das Tabakkonsortium nach einiger Zeit mit erheblichen Verlusten seine geschäftlichen Aktivitäten einstellen mußte. Auch bei anderen Gelegenheiten machten die schiitischen Rechtsgelehrten ihren Einfluß geltend, um von ihnen als gefährlich eingeschätzten Entwicklungen zu verhindern. Wenn diese Gefahr beseitigt war, übten sie wieder politische Enthaltsamkeit. Dieser politische Quietismus und die Ablehnung jeder politischen Herrschaft hatte jedoch zwei Seiten. Denn die Ablehnung und Illegitimisierung jeder Herrschaft kann in Verweigerung, ja in revolutionäre Aktion umschlagen.

Mit dieser quietistischen Verhaltensweise einer Mehrzahl von Rechtsgelehrten war der Rechtsgelehrte Ayatollah Khomeini nicht einverstanden. In den frühen 60er Jahren hatte er gegen verschiedene Reformvorhaben der Regierung des Schah Reza Pahlevi protestiert und war danach in das Exil nach Nadjaf im Irak getrieben worden. Hier schrieb er unter anderem das Buch ‚Velayet-i Faqih' (Die Herrschaft des Rechtsgelehrten), in dem er die Notwendigkeit der Übernahme der politischen Macht durch die Rechtsgelehrten begründete. Nur wenn diese die Politik bestimmten und kontrollierten, wäre die Etablierung eines wahrhaft islamischen Staates möglich. Sein Argument war, daß in der Zeit der Verborgenheit des letzten Imams die Regeln und Vorschriften des Islams ja nicht außer Kraft gesetzt werden könnten. Es sei gerade die Aufgabe der Rechtsgelehrten, für die Durchsetzung der Anwendung des islamischen Rechts (*sharī'a*) zu sorgen, das in der modernen Welt immer mehr in den Hintergrund gedrückt worden sei. In einer solchen Situation werde der Ungehorsam gegenüber den Herrschenden zur religiösen Pflicht für jeden Muslim. Khomeini argumentierte in seinen Äußerungen mit dem Koranvers 4,

60, nach dem sich ein Gläubiger in einer strittigen Angelegenheit nicht an die Götzen *(ṭāghūt)* wenden dürfe. Er sah das Schah-Regime als dieses Götzenregime an und erklärte damit den Gehorsam gegenüber diesem und anderen ähnlichen Regimen zu einer Form von Götzendienst und damit zu einem Abfall vom Islam.

Seit dem Beginn der europäischen kolonialen Expansion in die islamische Welt ist unter Muslimen immer wieder die Frage diskutiert worden, warum Gott es zulassen, daß der Islam gegenüber dem Westen ins Hintertreffen geraten sei. Als einer der Gründe wurde die Spaltung der islamischen Welt in verschiedene politische Einheiten ausgemacht. Zugleich bedauerte man aber auch die Spaltung des Islams in Sunniten und Schiiten, also die ‚große Heimsuchung'. Verschiedene Gelehrte beider Seiten haben mehrfach versucht, eine Annäherung zwischen den beiden Konfessionen zu bewerkstelligen. Man führte gemeinsame Konferenzen durch, fand aber im Grunde nicht zueinander. Erschwert wurden die Kontakte durch die Tatsache, daß der Iran als wichtigster schiitischer Staat und die arabischen Staaten mit ihren sunnitischen Mehrheiten häufig in unterschiedlichen politischen Lagern zu finden waren und private und offizielle Kontakte der Gelehrten von den staatlichen Institutionen mit Mißtrauen betrachtet wurden. Gegenwärtig finden keine Dialoggespräche zwischen den Vertretern der beiden Konfessionen statt.

XII
Sondergruppen

Neben den beiden großen Konfessionen der Sunniten und der Schiiten kennt die islamische Welt eine Anzahl von Sondergruppen und sektenähnlichen Gemeinschaften, die aus politischen und sozialen Gründen zum Teil eine beträchtliche Bedeutung für die gegenwärtige islamische Welt haben. In einigen Fällen mag die konkrete politische Bedeutung dieser Gemeinschaften dagegen nur gering zu veranschlagen sein. Sie bieten aber dennoch interessanten religionswissenschaftliche Einsichten in die islamische Geistes- und Religionsgeschichte und helfen mit, gegenwärtige Situationen oder Entwicklungen zu verstehen. Dennoch können nicht alle Gruppierungen aufgeführt werden. Auch in den Medien oder der Literatur werden folgende Gruppen häufiger genannt, die hier vorgestellt werden sollen: Ismā'īliten, Drusen und Alawiten.

1. Ismā'īliten

Die genannten Gruppen können im weitesten einem schiitischen Kontext zugerechnet werden. Die älteste Gemeinschaft ist die der Ismā'īliten. Sie hielt den Sohn Ismā'īl des 6. Imam, Dja'far al-Ṣādiq, für den letzten der Imame und wird daher auch als Siebener-Schia bezeichnet. Der grundlegende dogmatische Unterschied zur Zwölfer-Schia ist die Tatsache, daß die Ismā'īliten dahin tendieren, den letzten Imam nicht in der Verborgenheit, sondern als aktive Person in der Welt zu vermuten. Wie bei der Zwölfer-Schia gibt es die Gehorsamspflicht des einfachen Gläubigen gegenüber den Gelehrten oder gegenüber denen, die in den geheimen

Lehren der Gemeinschaft weiter fortgeschritten sind. Die Gehorsamspflicht wird jedoch noch stärker betont, als das bei der schiitischen Mehrheitsgruppe der Fall ist. Diese geheimen Lehren gegen davon aus, daß der Inhalt und die Bedeutung des Korans zweigeteilt ist. Er hat eine äußere Bedeutung, die den gewöhnlichen Menschen offenbar ist. Daneben gibt es jedoch auch eine innere Bedeutung, die nur wenigen Auserwählten zugänglich ist. Durch diese binäre Struktur war es möglich, Interpretationen des Korans zu vollziehen, die esoterische und andere dem klassischen Islam eher ferne Vorstellungen beinhalten. Diese innere Bedeutung des Koran ist nach ismā'īlitischer Auffassung nur dem Imam oder den von ihm beauftragten Missionaren zugänglich. Diese verbreiteten diese Lehre als eine Art von Geheimlehre. Dadurch wurde der innere Zusammenhalt der überzeugten Anhänger in hohem Maße gestärkt. Damit ist die Methode der Verbreitung ismā'īlitischer Vorstellungen angesprochen worden. Missionare waren es, die sie vor allem unter unterprivilegierten und marginalisierten Bevölkerungsgruppen verbreiteten und damit immer wieder Erfolg hatten. Häufig waren die Missionsaktivitäten auch mit Unruhen und sozialem Aufruhr verbunden. Das hat dazu geführt, daß in der moderneren westlichen Literatur manche ismā'īlitischen Gruppen wie z. B. die Karmaten als Kommunisten bezeichnet wurden.

Auch bei den Ismā'īliten spielte die Frage nach der politischen Herrschaft über die islamische Gemeinde eine Rolle. Sie reklamierten sie für ihren Imam. Mit der Dynastie der Fatimiden (909–1171) gelang es auch tatsächlich in Nordafrika, Ägypten und Teilen Syriens diesen Anspruch zu realisieren. Andere Zweige der Ismā'īlitengemeinschaft waren weniger erfolgreich, konnten jedoch weite Regionen der islamischen Welt durch ihre Aktivitäten verunsichern. Am bekanntesten geworden ist hier die Gruppe der Nizariten, die 1090 in Iran unter ihrem Führer Ḥasan-i Sabaḥ einen offenen Aufstand gegen die sunnitische Herrschaft der Seldjuken versuchten und im Verlauf der Kämpfe eine

Reihe von Festungen erobern konnten, von denen aus sie ihre Aktivitäten fortsetzten. Dabei wandten sie eine bis dahin nicht bekannte Technik an. Sie verübten spektakuläre Mordanschläge auf führende Politiker und Militärs. Die Tollkühnheit dieser Aktivitäten wurde darauf zurückgeführt, daß die Täter von ihren Oberen in einen Haschisch-Rausch versetzt worden seien. Aus diesem aufgewacht hätten sie sich in einem Garten gefunden, den sie für den Paradiesgarten gehalten hätten. In diesem hätten sie dann alle Arten von weltlichen Freuden erfahren können. Wieder in Rausch versetzt, hätten sie sich dann in der Realität wiedergefunden und seien nun zu allem bereit gewesen, um wieder in das Paradies zu gelangen. In der westlichen Literatur werden sie als Assasinen bezeichnet. Einige namhafte Wissenschaftler haben die Darstellung von den durch Haschisch manipulierten Attentätern allerdings als unzutreffend zurückgewiesen. Dennoch hat die Vorstellung dazu geführt, daß die in einigen europäischen Sprachen die Bezeichnungen für politische Morde oder deren Täter mit dem Wort Haschisch in Verbindung gebracht werden. So spricht man im Französischen von ‚assassiner' und ‚assassin'.

Die heute bekannteste ismā'īlitische Gruppe ist die der ursprünglich in Indien ansässigen Khoja. Sie sind der westlichen Öffentlichkeit durch ihr Oberhaupt, den Agha Khan, bekannt geworden. Die Tatsache, daß dieser Religionsführer früher einmal im Jahr von seinen Anhängern in Gold aufgewogen wurde, hat nicht nur Leser westlicher Presseerzeugnisse fasziniert. Von ungleich größerer Bedeutung ist jedoch die Tatsache, daß es sich bei den Imamen der Khoja zumindest im 20. Jahrhundert um sehr aufgeschlossenen, welterfahrene Männer gehandelt hat, denen es gelungen ist, ihre inzwischen auf allen Kontinenten verteilte Gemeinde fest zusammenzuschließen und ihr die Bedeutung einer modernen Ausbildung auch für Mädchen nahezubringen. In dieser Gruppe der Ismā'īliten hat sich eine erstaunliche Transformation von marginalisierten Landbewohnern hin zu einer Gemeinschaft von erfolgreichen Kaufleuten, Akademikern und Industrieunternehmern vollzogen, die bei festem Beharren auf ihren religiösen Grundvorstellungen souverän mit der westlichen Welt und ihren Neuerungen umgehen. Von manchen Beobachtern wird die Meinung geäußert, daß diese Gruppe ein Vorbild im Umgang mit der westlichen Moderne für die gesamte islamische Welt darstellen könnte.

2. Drusen

In die Zeit der ismā'īlitischen Fatimidenherrschaft in Ägypten fällt auch das Entstehen einer anderen islamischen Sonderform oder Sekte, die der Drusen. Sie geht zurück auf den Fatimiden-Herrscher al-Ḥākim bi-Amr Allāh (996–1021). Dieser Herrscher stellte sich in seinem persönlichen Verhalten, aber auch in seinen religiösen Überzeugungen, vor allem in den letzten Jahren seines Lebens als sehr exzentrisch dar. Er hielt sich für ein gottähnliches Wesen und stand sozusagen über Gut und Böse. In dieser Haltung wurde er von einer Gruppe seiner Anhänger unterstützt. Einige Realpolitiker am Fatimidenhof in Kairo sahen in diesen Vorstellungen eine Gefahr für das weitere Bestehen der Dynastie und ließen ihn beseitigen. Allerdings wurde sein Leichnam nach der Überzeugung seiner Anhänger nicht gefunden. In schiitischer Tradition hielten sie ihn für entrückt und erwarteten seine Rückkehr. Zunächst begann in Ägypten ein Kult um al-Ḥākim, der jedoch auf Widerstand stieß. So zogen sich denn die Menschen, die die Rückkehr al-Ḥākims erwarteten aus dem Nilland zurück und siedelten sich in schwer zugänglichen Gebirgstälern des Libanon, Syriens und Palästinas an. In diesem sehr geschlossenen Kreis bildeten sich nun die Glaubensvorstellungen und die rituelle Praxis der Drusen aus. In diesem Umfeld entstanden auch die geheimen heiligen Bücher der Drusen. Es wird vermutet, daß die Formulierung der drusischen Dogmen und Lehren in der Mitte des 15. Jahrhunderts abgeschlossen waren. Kernpunkt ist ein Kanon von sieben Regeln. Zu ihnen gehört die Aufforderung, gegenüber Glaubensgenossen nicht zu lügen. Ausdrücklich ist das Verbergen der Wahrheit oder die Lüge gestattet gegenüber Nicht-Drusen, vor allem dann, wenn nur so eine Gefahr für die Gemeinschaft oder einzelne Mitglieder abgewendet werden kann. Das kann auch dadurch geschehen, daß man zum Schein den Glauben der herrschenden Mehrheit annimmt. Diese Praxis hat dazu geführt, daß Drusen ihre Söhne beschneiden lassen, wenn sie in einer sunnitischen Umgebung leben oder die Kinder taufen lassen, wenn die Mehrheit aus Christen besteht, was in weiten Teilen des Libanon nicht ungewöhnlich ist. Sie messen diesen Ritualen selbstverständlich keine Bedeutung bei. Ferner gibt es die Aufforderung, daß die Drusen sich gegenseitig helfen und unterstützen müssen. Dies soll auch mit Waffengewalt geschehen. Durch diese Forderung hat sich ein sehr enges Gemeinschaftsbewußtsein entwickelt; zugleich hat es den Drusen den Ruf eingebracht, besonders kampflustig und mutig zu sein. Des weiteren werden die Drusen in diesem Kanon aufgefordert, allen früheren religiösen Überzeugungen abzuschwören und den Umgang mit den Angehörigen anderer Religionen zu meiden. Sie müssen dagegen fest davon überzeugt sein, daß al-Ḥākim für alle Zeiten ihr Herr ist und sich mit allem, was er tut und bewirkt, einverstanden erklären. Das kommt auch dadurch zum Ausdruck, daß die Drusen die nach ihrer Überzeugung von al-Ḥākim stammenden Gesetze und Vorschriften beachten. In diesen gesetzlichen Regelungen, die sich vor allem auf den zivilrechtlichen Bereich beziehen, finden sich deutliche Unterschiede zu den Vorschriften des islamischen Rechts. Eine der bemerkenswertesten dabei ist, die ausdrückliche Anerkennung der Gleichheit von Mann und Frau und die Gleichberechtigung der beiden Ehepartner. Ehescheidungen werden nur in außerordentlich seltenen Fällen als legitim angesehen. In der Praxis haben sie von der muslimischen Umgebung das Opferfest übernommen, lehnen die Pilgerfahrt nach Mekka dagegen ab und führen auch das Ramaḍānfasten nicht durch.

Die Gemeinschaft der Drusen ist in zwei große Gruppen eingeteilt, die Gruppe der Wissenden und die der Unwissenden. Jeder erwachsene Druse oder Drusin kann in die Geheimnisse des Drusentums eingeweiht werden, nachdem der Initiand eine Reihe von Prüfungen abgelegt hat. Die ‚Wissenden' müssen ein besonders diszipliniertes und frommes Leben führen. Sie müssen die täglichen Gebete sprechen, sollen sich jeder Form von Rauschmitteln oder Stimulantien enthalten, dürfen nicht lügen, stehlen oder sich an Racheaktionen beteiligen. In der Öffentlichkeit erkennbar sind sie durch eine besondere Kleidung, zu der ein weißer Turban gehört. Sie sollten ihren Lebensunterhalt durch ihrer Hände Arbeit verdienen. Die ‚Wissenden' treffen sich zu religiösen Zusammenkünften an jedem Freitagabend. An einem Teil dieser Rituale dürfen auch die ‚Unwissenden' teilnehmen. Soweit bekannt ist, werden bei diesen Zusammenkünften Texte aus heiligen Büchern zitiert, von denen einige ausschließlich von den initiierten Mitgliedern der Gemeinschaft gelesen werden dürfen. Die ‚Wissenden' beachten eine gewisse hierarchische Struktur, in der besonders respektierte Mitglieder, die als Scheich bezeichnet werden, an der Spitze stehen. Ein Scheich ist für die religiösen Belange der Drusen in einem festgelegten geographischen Raum zuständig. Er hat ein vorbildliches Leben zu führen, zu dem auch häufige Klausuren, Studium der heiligen Texte und andere Übungen und Praktiken gehören. An der Spitze aller Scheichs steht der Scheich al-'Aql. Die Scheichs arbeiten nicht körperlich, vielmehr erhalten sie ihren Lebensunterhalt von den ‚Unwissenden' in Form von Almosen.

Die ‚Unwissenden' können ein weniger reglementiertes Leben führen, müssen sich aber selbstverständlich an die gesellschaftlichen Normen der drusischen Gemeinschaft halten. Sie sind auf die geistliche Führung durch die ‚Wissenden' angewiesen. Alle Drusen sollten zu diesen Wissenden gehören. Falls sie während ihrer Lebenszeit dazu nicht in der Lage sind, werden sie nach ihrem Tod wiedergeboren und können in dieser neuen Existenz dieses Ziel erreichen. Nach drusischer Auffassung wiederholen sich diese Wiedergeburten, bis der Mensch die absolute Vollkommenheit erreicht hat. Die Seelen dieser Vollkommenen nehmen ihren Aufenthalt dann bei den Sternen. Zum Ende der Zeiten werden nach Überzeugung der Drusen al-Ḥākim und eine weitere Gestalt der drusischen Religionsgeschichte wiederkehren. Sie werden die Gerechtigkeit auf der Welt herstellen und alle Drusen, die sich als tugendhaft erwiesen haben, werden als Herrscher über die Menschheit eingesetzt.

3. 'Alawiten

Seit dem Beginn der 90er Jahre finden sich in den internationalen Medien immer wieder Hinweise auf die in der Türkei lebende Glaubensgemeinschaft der 'Alawiten. Seit dieser Zeit ist auch bekannt, daß eine beträchtliche Minderheit der in Deutschland lebenden Türken ebenfalls dieser Gruppierung angehören. Man muß diese Gruppe deutlich von einer anderen unterscheiden, die häufig mit dem gleichen Namen bezeichnet wird. Bei letzterer Gemeinschaft handelt es sich um eine kleine Gruppe, die nahezu ausschließlich in Syrien lebt und auch mit dem Namen ‚Nuṣairier' bezeichnet wird. Sie ist deshalb von aktuellem Interesse, weil die im heutigen Syrien herrschende Schicht der sozialistischen Baath-Partei von Angehörigen dieser Gemeinschaft dominiert wird.

Die Geschichte der in der Türkei lebenden 'Alawiten geht in das 16. Jahrhundert zurück. Hier entwickelte sich aus einem schiitischen Umfeld vor allem unter den ethnischen Gruppen der Kurden und Turkmenen eine religiöse Gemeinschaft, die in der Literatur als Kizilbasch (Rotköpfe) bezeichnet wurden. Seit dem Ende des 19. Jahrhunderts werden sie 'Alawiten genannt. Über ihre religiösen Vorstellungen und Praktiken ist nur wenig bekannt, da sie wie die anderen bisher genannten Gruppen das Prinzip der Taqīya, also der Verleugnung ihres Glaubens betreiben, wenn durch das offene Bekenntnis die Gemeinschaft in Gefahr geriete. Die 'Alawiten glauben an eine Wahrheit, die allmächtig, unsterblich und allgegenwärtig ist. Diese Macht erlegt den Menschen Pflichten und Aufgaben auf. Dies geschieht durch die Vermittlung 'Alīs, der z. B. auch Mose und Jesus mit ihrer Mission beauftragt hat. Die 'Alawiten glauben also an eine Präexistenz 'Alīs. Er ist nach dieser Vorstellung auch jetzt noch existent und kann durch die Vermittlung des Heiligen Geistes seinen Anhängern erscheinen. Alle voll initiierten 'Alawiten haben 'Alī gesehen, der ihnen die unbeantwortbaren Fragen des Lebens beantwortet hat. Dieser Kontakt ist allerdings nicht durch die Gläubigen zu provozieren, sondern geht ausschließlich von 'Alī aus. Die 'Alawiten kennen Gebete und Gottesdienste, sind aber nicht verpflichtet, zu einer bestimmten Zeit und unter bestimmten Bedingungen wie der rituellen Reinheit zu beten. Sie erkennen die heiligen Schriften der Juden, Christen und Muslime an, sind aber nicht in dem Sinne von ihnen abhängig wie die Muslime vom Koran. Sie verfügen auch über eigene heilige Bücher. Im übrigen wird die 'alawitische Lehre durch eine Kette von mündlichen Traditionen weitergegeben. Es gibt bei den 'Alawiten eine Form von Sündenbekenntnis, was zu Vermutungen über ein zugrunde liegendes christliches Substrat Anlaß gegeben hat. Die 'Alawiten benutzen keine spezifischen Gebäude oder Orte für ihre Gottesdienste. Diese finden vielmehr in privaten Wohnungen statt. Ursache dafür ist, daß es ihnen durch die sunnitischen Autoritäten verboten war, eigene Gotteshäuser zu errichten und daher entsprechende Traditionen nicht entwickelt werden konnten. Das Ritual besteht aus der Rezitation heiliger Texte, zu denen auch Bibel und Koran gehören. Von besonderer Bedeutung ist allerdings die Lesung und Interpretation der Gebote 'Alīs. An diesen Zusammenkünften nehmen Männer und Frauen gemeinsam teil. Auch das Fasten ist bei den 'Alawiten üblich. Allerdings findet es nicht, wie bei den Muslimen, im Monat Ramaḍān statt, sondern in den ersten zehn Tagen des Trauermonats Muḥarram und wird mit dem 'Āshūrā-Tag, dem 10. Muḥarram, dem Todestags des Prophetenneffen Ḥusain, beendet. Auch die Form des Fastens unterscheidet sich von der im Islam üblichen. In diesen zehn Tagen darf der 'Alawit nur alle drei Tage eine leichte Mahlzeit zu sich nehmen. Zweck des Fastens ist nach 'alawitischer Auffassung eine Besinnung auf die Glaubensinhalte und eine innere Reinigung. Die 'Alawiten kennen religiöse Funktionsträger, die man wohl als Wanderlehrer bezeichnen könnte. Sie reisten durch die 'alawitischen Dörfer und vermittelten die Grundzüge der 'alawitischen Glaubensvorstellungen. Sie waren sozusagen die Träger der oralen Traditionen der 'Alawiten.

Auch in einigen Bereichen des sozialen Systems unterscheiden sich die 'Alawiten von der sunnitischen wie der schiitischen Praxis. So ist bei ihnen Polygynie nicht üblich. Die soziale Stellung der Frau ist insgesamt stärker als bei anderen religiösen Gemeinschaften des nahen und Mittleren Ostens. 'Alawiten-Frauen gingen häufig schon unverschleiert, als dies für sunnitischen Türkinnen noch nicht üblich war. Sie können auch anstelle ihrer Ehemänner den Haushalt oder die Geschäfte führen, wenn sie dazu besser geeignet erscheinen als die Männer in der Familie. Sklaverei war unüblich. Beides wird mit den entsprechenden Äußerungen 'Alīs begründet. Bekannte Religionswissenschaftler haben das 'Alawitentum als eine nicht-islamische, turkmenische Religion bezeichnet, die von der Schia und der islamischen Mystik beeinflußt sei, also einen Synkretismus aus verschiedenen Religionen und religiösen Formen darstellt. Demgegenüber betonen Sprecher der 'alawitischen Gemeinden in Deutschland jedoch, daß sie Muslime seien. Sie nehmen an gemeinsamen Veranstaltungen und

Aktionen der islamischen Gemeinschaften in Deutschland teil, legen aber Wert darauf, von den deutschen Behörden als eine gesonderte Gemeinschaft behandelt zu werden.

XIII

Muslime in einer pluralistischen Gesellschaft

1. Universalitätsanspruch des Islams und die Frage der Toleranz

Die Gemeinschaft der Muslime versteht sich als Vorbild der gesamten menschlichen Gesellschaft. Der Islam meldet seinen Anspruch an, seinen Glauben, seine moralischen Normen, seine gesetzlichen Bestimmungen und allgemein seine umfassende Lebensordnung allen Menschen zugänglich zu machen, mehr noch: seiner Lebensordnung die Oberhoheit zu verschaffen in aller Welt: „Er (= Gott) ist es", sagt der Koran, „der seinen Gesandten mit der Rechtleitung und der Religion der Wahrheit gesandt hat, um ihr die Oberhand zu verleihen über alle Religion" (9,33; vgl. 61,9; 48,28).

Wie dies geschehen soll und was es für die Nicht-Muslime bedeutet, soll im folgenden kurz dargelegt werden.

2. Lehre vom „Heiligen Krieg"

Es gibt heute in der islamischen Welt Rechtsgelehrte und militante Gruppen, die sich den Bestimmungen des klassischen Rechtssystems des Islams im Mittelalter verpflichtet fühlen. Es gibt aber auch muslimische Gelehrte und Persönlichkeiten des öffentlichen Lebens, die die Akzente neu setzen und den Friedenswillen des Islams unterstreichen.

Das Rechtssystem des Islams kennt eine Aufteilung der Welt in zwei Gebiete: das Gebiet des Islams und das Gebiet des Krieges. Das Gebiet des Islams ist Gottes Staat, in dem das islamische Gesetz und die vom Islam festgelegte Gesellschaftsordnung und politische Struktur herrschen. Die Gemeinschaft hat die Pflicht, ihr eigenes Gebiet gegen die Angriffe der Feinde zu verteidigen. Darüber hinaus hat sie sich aktiv einzusetzen, um auch im Gebiet der Nicht-Muslime die Rechte Gottes zur Geltung zu bringen.

Dieser Pflicht wird Genüge getan, wenn an einem Ort, irgendwo in der Welt, Bemühungen um die Ausbreitung des Machtbereichs des Islams unternommen werden.

Das Endziel des Kampfes „auf dem Weg Gottes", wie sich der Koran ausdrückt, wird erst erreicht, wenn auch das Gebiet der Feinde dem Gebiet des Islams angegliedert wird, wenn der Unglaube endgültig ausgerottet ist, wenn die Nicht-Muslime sich der Oberherrschaft des Islams unterworfen haben.

Der Friede wird erst erreicht und gilt erst als endgültig, wenn die Grenzen des islamischen Staates bis an die Grenzen der Erde gelangen. Das bedeutet jedoch nicht, daß der Islam sich in ständigem aktivem Kampf gegen die Nicht-Muslime befindet oder einen Dauerkrieg gegen die fremden Völker führen muß. Verträge und Abkommen dürfen mit ihnen geschlossen, Vereinbarungen getroffen und kulturelle und wirtschaftliche Beziehungen aufgenommen und gepflegt werden. Aber diese Kontakte und Beziehungen beinhalten in der Einschätzung des klassischen Rechtssystems des Islams keineswegs die Anerkennung der Legitimität der fremden Staaten. Vorübergehende und befristete Friedenszeiten sind nur eine Pause auf dem Weg zur Islamisierung der ganzen Welt.

Gegenüber dieser klassischen Position betonen einige Denker in der islamischen Welt den Vorrang des Friedens, nicht nur als Endzustand, sondern als normalen Zustand der Beziehungen der Menschen und der Gemeinschaften zueinander.

Zwar sind die Vertreter dieser Position noch eine versprengte Minderheit, ihre Ansätze begründen jedoch eine Hoffnung für die Zukunft des Islams und seiner Beziehungen zur Weltgemeinschaft.

3. Islam und Toleranz

Die Frage nach der Toleranz ist unter anderem die Frage nach der jeweiligen Staatsstruktur und nach dem Rechtsstatus, der den Minderheiten in diesem Staat zugestanden wird. Das klassische Rechtssystem des Islams geht von einer einheitlichen Gesellschaft aus, der Gesellschaft der Muslime, welche ihre Beziehungen zu den Minderheiten auf der Grundlage von Verträgen regelt. Der Rechtsstatus der Minderheiten beruht hier auf einem Vertrag zwischen Eroberern und Unterworfenen, zwischen Siegern und Besiegten, einem Vertrag, der aus den Muslimen die eigentlichen vollen Bürger des Landes und aus den anderen nur „Schutzbürger" *(dhimmī)* macht.

Das Schutzabkommen beinhaltet hauptsächlich die Pflicht der Nicht-Muslime, der islamischen Obrigkeit untertan zu sein, sich dem islamischen Staat gegenüber loyal zu verhalten und die vereinbarten Tribute und Abgaben, Eigentums- und Kopfsteuern, zu entrichten. Im Gegenzug dazu verpflichtet sich der islamische Staat, das Leben der Schutzbefohlenen und die ihnen zugestandenen Rechte zu schützen.

Es sollen nun die wichtigsten Punkte angesprochen werden, die die rechtliche Stellung der Schutzbefohlenen, vornehmlich Christen und Juden, deutlich machen.

Die Religionsfreiheit

Der Islam respektiert die Gewissensfreiheit der Schutzbürger und garantiert ihnen ihre Religionsfreiheit. „Es gibt keinen Zwang in der Religion", proklamiert der Koran (2,256). So dürfen die Schutzbürger nicht dazu gezwungen werden, ihre eigene Religion zu verlassen und den Islam anzunehmen. Darüber hinaus beinhaltet die Religions- und Kultfreiheit der Schutzbürger das Recht, ihre Kinder und ihre Glaubensgenossen in der eigenen Religion bzw. Konfession zu unterweisen. Auch steht ihnen das Recht zu, die Kulthandlungen ihrer Religion zu vollziehen. Der

Staat erlegt ihnen jedoch die Einschränkung auf, die Zeremonien ihres Kultes nur innerhalb der Kultgebäude und in einer Weise zu vollziehen, die dem religiösen Empfinden und dem Überlegenheitsgefühl der Muslime nicht widerstrebt.

Mischehen zwischen Schutzbürger und Muslimen

Ein Schutzbürger darf keine muslimische Frau heiraten, denn im Verständnis der Rechtsgelehrten birgt eine solche Ehe die direkte Gefährdung des Glaubens der muslimischen Frau in sich. Wenn eine solche Ehe irrtümlich zustande kommt, muß sie aufgelöst werden. Ein Schutzbürger, der im Wissen um die Rechtslage und das bestehende Verbot dennoch eine muslimische Frau heiratet, muß bestraft werden.

Ein Muslim darf eine Frau aus den Reihen der Leute des Buches, wie Juden und Christen im Koran bezeichnet werden, heiraten, so bestimmt es der Koran selbst (5,5). Solche Ehen werden jedoch von den Rechtsgelehrten nicht empfohlen. Der eine Vorteil solcher Ehen besteht darin, daß die Frau sich eventuell veranlaßt fühlt, den Islam anzunehmen.

Rechtsprechung

In bezug auf die Rechtsprechung stellt der Islam im allgemeinen fest, daß die jeweilige Religionsgemeinschaft innere Verwaltungsautonomie genießt und für die Rechtsprechung in den Anliegen ihrer Angehörigen zuständig ist. Dennoch bleibt die allgemeine Zuständigkeit der islamischen Richter bestehen.

Politischer Bereich

Die Ungleichheit der Bewohner des Landes aufgrund ihrer Religionszugehörigkeit tritt am deutlichsten im politischen Bereich zutage. Denn es geht hier um die Ausübung der Macht im Staat, und diese ist nach islamischem Recht ausschließlich den Muslimen vorbehalten. So sind sich die muslimischen Rechtsgelehrten darüber einig, daß der Zugang zu hohen Ämtern im Staat den Schutzbürger verwehrt werden muß. Denn, so lauten ihre Argumente, der Koran verbietet es, die Nicht-Muslime, wenigstens in empfindlichen Bereichen des öffentlichen Lebens, zu Freunden zu nehmen und ihnen den Vorzug vor den Gläubigen zu geben (vgl. 3,28.118; 4,115.144; 60,1; 5,51.57). Auch betont er: „Gott wird nie den Ungläubigen eine Möglichkeit geben, gegen die Gläubigen vorzugehen" (4,141). Und nach dem Ḥadīth habe Muḥammad unterstrichen: „Der Islam herrscht, er wird nicht beherrscht" (Bukhārī). Der Zugang zu hohen Ämtern würde im Widerspruch stehen zur niedrigen Stellung im Staat, die den Schutzbürgern zukommt.

Zusammenfassend kann man feststellen, daß das klassische Rechtssystem des Islams die Bildung einer Gesellschaft mit zwei Klassen von Bürgern vorsieht. Die einen, die Muslime, sind die eigentlichen Bürger; die anderen werden toleriert, ihnen wird ein Lebensraum verschafft, aber ihre Rechte sind nur die, die ihnen der islamische Staat gewährt. Und diese gewährten Rechte gehen von einer grundsätzlichen Ungleichheit von Muslimen und Schutzbefohlenen aus. Muslime und Nicht-Muslime sind ja nicht gleichberechtigt im Staat, sie sind nicht alle Träger der gleichen Grundrechte und der gleichen Grundpflichten, sie sind auch nicht grundsätzlich gleichgestellt vor dem Gesetz. Die Nicht-Muslime sind zwar in den Augen des Islams nicht recht- und schutzlos, sie werden nicht den Muslimen als freie Beute preisgegeben. Dennoch werden sie im eigenen Land als Bürger zweiter Klasse behandelt. Diese Ordnung hat zwar in der Vergangenheit das Überleben der christlichen Kirchen ermöglicht und im Orient sowie in Andalusien ein erträgliches, ja zuweilen gedeihliches Zusammenleben gefördert. Aber diese Mischung von Toleranz und Intoleranz, diese relative Integration der Nicht-Muslime im Staat und ihr Verweisen in einen Rechtsstatus von Fremden machte in der Praxis die Lebensgeschichte der Schutzbürger, Juden und Christen, unter dem Druck der islamischen Mehrheit oft und immer wieder zu einer Leidensgeschichte.

Es stellt sich die Frage, ob es heute tragbar ist, einen Staat nach diesem Modell wiederzuerrichten. Erforderlich ist eher eine Struktur, die den Gemeinschaften und allen Bürgern ermöglicht, loyal zum gemeinsamen Land zu sein und den unabweisbaren Anspruch zu erheben, in diesem ihrem Land als gleichberechtigte Bürger zu gelten und die gleichen Grundrechte und Grundpflichten zuerkannt zu bekommen. So kann verhindert werden, daß die einen den Staat für sich vereinnahmen und die anderen zu Schutzbürgern deklassiert werden, welche dann dem Willen und Entgegenkommen, wie auch der Willkür und dem Gutdünken der Mehrheit ausgeliefert sind. Und so kann verhindert werden, daß die „nur tolerierten" Bewohner Angst haben müssen, eine Leidensgeschichte zu durchleben, die immer wieder hereinzubrechen droht.

Vielleicht ist es doch nicht vermessen zu hoffen, daß der zeitgenössische Islam eine Gesellschafts- und Staatsstruktur findet, durch die er ohne Identitätsverlust seine wahre Rolle in der Welt erfüllen kann als ‚Zeuge für die Gerechtigkeit' (wie sich der Koran ausdrückt: 5,8) und als mitwirkender Faktor bei der Verwirklichung der universalen Solidarität der Menschen und bei der Herstellung einer Gesellschaftsordnung, in der alle Bürger vor dem Gesetz grundsätzlich gleichgestellt und im praktischen Leben gleichberechtigt sind, in der über eine geschenkte Toleranz hinaus die unverzichtbaren Menschenrechte für alle vorbehaltlos anerkannt werden.

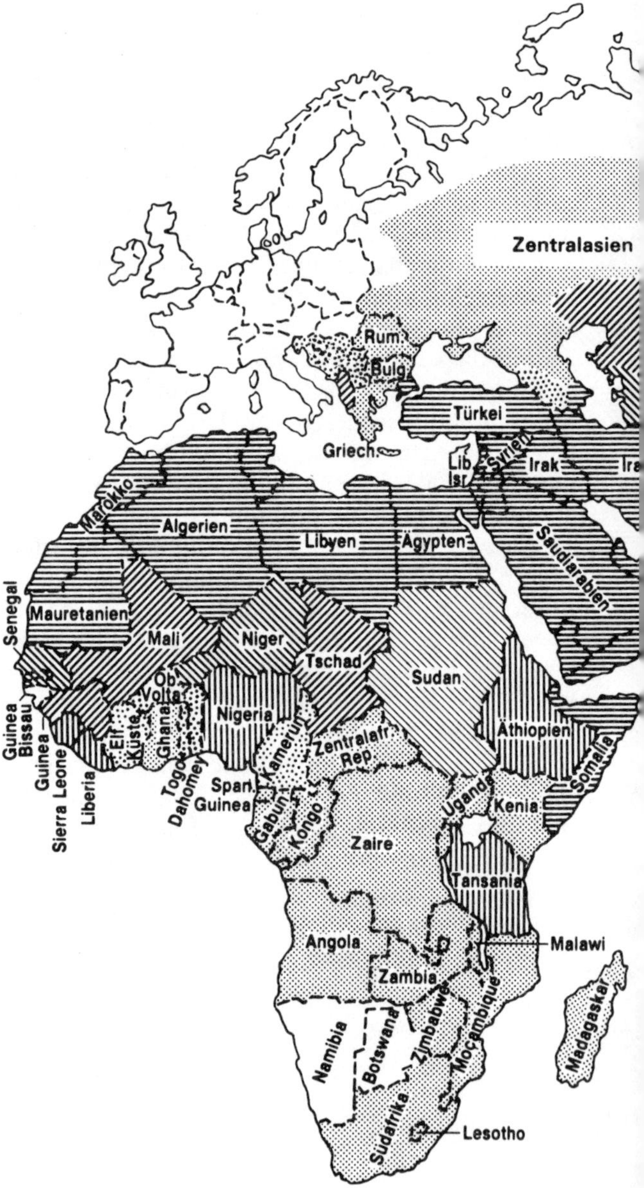

Zentralasien
Rum.
Bulg.
Türkei
Griech.
Lib.
Isr.
Syrien
Irak
Marokko
Algerien
Libyen
Ägypten
Saudiarabien
Senegal
Mauretanien
Mali
Niger
Tschad
Sudan
Ob.
Volta
Nigeria
Äthiopien
Guinea
Bissau
Guinea
Sierra Leone
Liberia
Elf.
Küste
Ghana
Togo
Dahomey
Kamerun
Zentralafr.
Rep.
Span.
Guinea
Gabun
Kongo
Zaire
Uganda
Kenia
Somalia
Tansania
Angola
Zambia
Malawi
Moçambique
Zimbabwe
Madagaskar
Namibia
Botswana
Südafrika
Lesotho

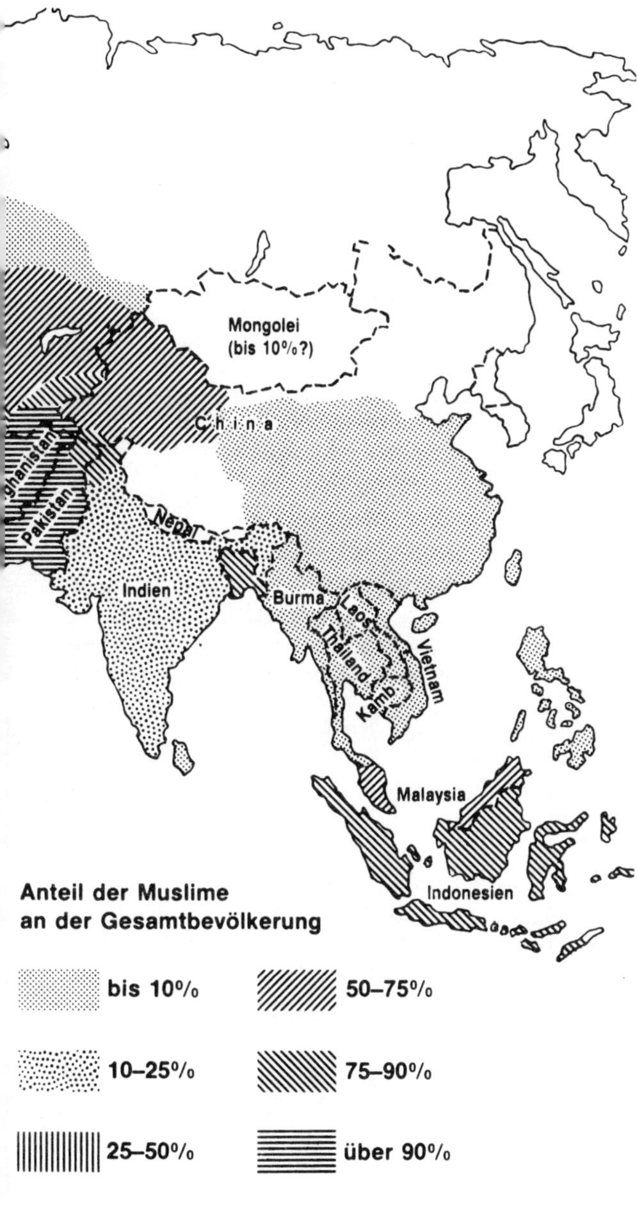
Mongolei
(bis 10%?)
China
ghanistan
Pakistan
Nepal
Indien
Burma
Laos
Thailand
Kamb.
Vietnam
Malaysia
Indonesien
Anteil der Muslime
an der Gesamtbevölkerung
bis 10%
50–75%
10–25%
75–90%
25–50%
über 90%

Anmerkungen

I.

1 Korantexte werden nach meiner Übersetzung zitiert: Der Koran. Übersetzung von Adel Theodor Khoury. Unter Mitwirkung von M. Salim Abdullah (GTB 783), Gütersloh [2]1992.

2 Durch diese asketisch inspirierte Weltabgewandtheit seiner ersten Predigt ist Muḥammad mit den christlichen Mönchen und Predigern verwandt.

3 Über die Auseinandersetzung zwischen Muḥammad und den Christen aus Nadjrān siehe Koran 3,59–64 und den entsprechenden Kommentar in meinem Buch: Adel Theodor Khoury, Der Koran. Übersetzung und wissenschaftlicher Kommentar, Bd. 4, Gütersloh 1993, S. 121–134, besonders den Exkurs: Muḥammad und die Nadjrāner: S. 123–129.

II.

1 Es gibt einige Versuche, eine wahrscheinliche Chronologie des Korans zu erstellen; siehe dazu mein Buch: Adel Theodor Khoury, Der Koran. Übersetzung und wissenschaftlicher Kommentar, Bd. I, Güterloh 1990, S. 90–96.

III.

1 Vgl. dazu Fadlou Shehadi, Ghazali's Unique Unknowable, Leiden 1964.

IX.

1 Zitiert nach H. Ritter, „Die Aussprüche des Bāyezīd Bisṭāmī. Eine vorläufige Skizze", in: Westöstliche Abhandlungen, Rudolpf Tschudi zum 70. Geburtstag, Wiesbaden 1954, S. 240.

Literaturhinweise

a) Grundlagen

Der Koran. Übersetzung von Adel Theodor Khoury. Unter Mitwirkung von Muhammad Salim Abdullah (GTB 783), Gütersloh 1987, ^{2}1992.

Rudi Paret, Der Koran. Übersetzung (Taschenbuchausgabe), Stuttgart ^{4}1985.

Adel Theodor Khoury, So sprach der Prophet. Worte aus der islamischen Überlieferung (GTB 785), Gütersloh 1988.

Adel Theodor Khoury, Der Koran. Arabisch-Deutsch: Übersetzung und wissenschaftlicher Kommentar, Bd. I, Gütersloh 1990; Bd. II, Gütersloh 1991; Bd. III, Gütersloh 1992; Bd. IV, Gütersloh 1993; Bd. IV, Gütersloh 1994; Bd. V, Gütersloh 1995; Bd. VII, Gütersloh 1996.

Handwörterbuch des Islam, Leiden 1942; Neudruck 1979.

Shorter Encyclopaedia of Islam, Leiden 1974.

The Encyclopaedia of Islam, neue Ausgabe, Leiden/London ab 1960.

Adel Theodor Khoury (Hrsg.), Lexikon religiöser Grundbegriffe: Judentum, Christentum, Islam, Graz/Wien/Köln 1987; Neuauflage 1996.

A. Th. Khoury/L. Hagemann/P. Heine, Islam-Lexikon – Geschichte, Ideen, Gestalten, 3 Bde. (Herder/Spektrum 4036), Freiburg 1991.

b) Untersuchungen

Tor Andrae, Islamische Mystik (Urban-Bücher 46), Stuttgart ^{2}1980.

P. Antes, Ethik und Politik im Islam, Stuttgart 1982.

J. Bouman, Das Wort vom Kreuz und das Bekenntnis zu Allah, Frankfurt/M. 1980.

A. Bsteh (Hrsg.), Der Gott des Christentums und des Islams (Beiträge zur Religionstheologie 2), Mödling 1978 (ND 1992).

– (Hrsg.), Hören auf sein Wort. Der Mensch als Hörer des Wortes Gottes in christlicher und islamischer Überlieferung (Beiträge zur Religionstheologie 7), Mödling 1992.

– (Hrsg.), Friede für die Menschheit. Grundlagen, Probleme und Zukunftsperspektiven aus islamischer und christlicher Sicht (Beiträge zur Religionstheologie 8), Mödling 1994.

– (Hrsg.), Der Islam als Anfrage an christliche Theologie und Philosophie (Studien zur Religionstheologie 1), Mödling 1994.
– (Hrsg.), Christlicher Glaube in der Begegnung mit dem Islam (Studien zur Religionstheologie 2), Mödling 1996.
F. Buhl, Das Leben Muhammeds, Heidelberg ^{3}1961.
H. Buße, Die theologischen Beziehungen des Islams zu Judentum und Christentum. Grundlagen des Dialogs im Koran und die gegenwärtige Situation, Darmstadt 1988.
W. Ende/U. Steinbach (Hrsg.), Der Islam in der Gegenwart, München ^{2}1989.
G. Endress, Einführung in die islamische Geschichte, München 1981.
A. Falaturi/W. Strolz (Hrsg.), Glauben an den einen Gott. Menschliche Gotteserfahrung in Christentum und Islam. Freiburg 1975.
L. Gardet, La cité musulmane, vie sociale et politique, Paris ^{2}1961.
–, Dieu et la destinée de l'homme, Paris 1967.
–, Islam, Köln 1968.
U. Haarmann (Hrsg.), Geschichte der Arabischen Welt, München 1987.
L. Hagemann, Der Ḳur'ān in Verständnis und Kritik bei Nikolaus von Kues. Ein Beitrag zur Erhellung christlich-islamischer Geschichte (Frankfurter Theologische Studien 21), Frankfurt/M. 1976.
–, Christentum. Für das Gespräch mit Muslimen, Altenberge ^{3}1986.
–, Christentum und Islam zwischen Konfrontation und Begegnung (Religionswissenschaftliche Studien 4), Würzburg/Altenberge ^{3}1994.
–, Propheten – Zeugen des Glaubens. Koranische und biblische Deutungen (Religionswissenschaftliche Studien 26), Würzburg/Altenberge ^{2}1993
H. Halm, Die Schia, Darmstadt 1988.
Ida und Peter Heine, O ihr Musliminnen ... Frauen in islamischen Gesellschaften (Herder/Spektrum 4217), Freiburg 1993.
P. Heine, Ethnologie des Nahen und Mittleren Ostens. Eine Einführung, Berlin 1989.
–, Feindbild Islam (Herder/Spektrum 4455), Freiburg 1996.
A.Th. Khoury, Einführung in die Grundlagen des Islams (Religionswissenschaftliche Studien 27), Würzburg/Altenberge ^{4}1995.
–, Toleranz im Islam, München/Mainz 1980; Altenberge ^{2}1986.
–, Islamische Minderheiten in der Diaspora, München/Mainz 1985.
–, Der Islam; sein Glaube – seine Lebensordnung – sein Anspruch (Herder/ Spektrum 4167), Freiburg ^{4}1996.
–, Wer war Muḥammad? Lebensgeschichte und prophetischer Anspruch, Herder Taschenbuch 1719), Freiburg 1990.
--, Was ist los in der islamischen Welt?, Die Konflikte verstehen, Freiburg 1991 (3 Auflagen).

–, Was sagt der Koran zum Heiligen Krieg?, Gütersloh 1991.
–, Der Islam kommt uns näher. Worauf müssen wir uns einstellen?, Freiburg 1992.
–, Christen unterm Halbmond. Religiöse Minderheiten unter der Herrschaft des Islams, Freiburg 1994.
– (Hrsg.), Das Ethos der Weltreligionen (Herder/Spektrum 4166), Freiburg 1993.
A.Th. Khoury/L. Hagemann, Christentum und Christen im Denken zeitgenössischer Muslime (Religionswissenschaftliche Studien 7), Würzburg/Altenberge ^{2}1993.
H. J. Kuschel, Streit um Abraham, München 1994.
J. Lähnemann, Nichtchristliche Religionen im Unterricht. Beiträge zu einer theologischen Didaktik der Weltreligionen, Schwerpunkt: Islam, Gütersloh 1977.
T. Nagel, Der Koran. Einführung – Texte – Erläuterungen, München 1983.
–, Staat und Glaubensgemeinschaft im Islam. Geschichte der politischen Ordnungsvorstellungen im Islam, 2 Bde., Zürich 1981.
–, Geschichte der islamischen Theologie, München 1994.
V. Nienhaus, Islam und moderne Wirtschaft. Positionen und Perspektiven (Islam und westliche Welt 6), Graz/Wien/Köln 1982.
A. Noth, Heiliger Krieg und heiliger Kampf in Islam und Christentum, Bonn 1966.
–, Möglichkeiten und Grenzen islamischer Toleranz im Islam, in: Saeculum 29 (Freiburg/München 1978), S. 190–204.
R. Paret, Toleranz und Intoleranz im Islam, in: Saeculum 21 (Freiburg/München 1970), S. 344–365.
–, Muhammad und der Koran (Urban-Bücher 32), Stuttgart ^{6}1985.
P. Rondot, Der Islam und die Mohammedaner von heute, Stuttgart 1963.
C. Schedl, Muhammad und Jesus. Die christologisch relevanten Texte des Koran, Wien/Freiburg/Basel 1978.
A. Schimmel, Al-Halladsch, Märtyrer der Gottesliebe, Köln 1969.
–, Und Mohammed ist sein Prophet, Köln 1982.
–, Mystische Dimensionen des Islam, Köln 1985.
A. Schimmel u. a., Der Islam III (Die Religionen der Menschheit 25,3), Stuttgart 1990.
H. Stieglecker, Die Glaubenslehren des Islam, Paderborn ^{2}1983.
B. Tibi, Die Krise des modernen Islams, Frankfurt ^{2}1990.
–, Der Islam und das Problem der kulturellen Bewältigung sozialen Wandels, Frankfurt 1985.
–, Im Schatten Allahs. Der Islam und die Menschenrechte, München 1994.

W.M. Watt/A.T. Welch, Der Islam I (Die Religionen der Menschheit 25,1), Stuttgart 1980.
W.M. Watt/M. Marmura, Der Islam II (Die Religionen der Menschheit 25,2), Stuttgart 1985.
H. Zirker, Christentum und Islam. Theologische Verwandtschaft und Konkurrenz, Düsseldorf [2]1992.
–, Islam. Theologische und gesellschaftliche Herausforderungen, Düsseldorf 1993.